60歳からのエンディングノート入門

わたしの葬儀・法要・相続

日本葬祭アカデミー教務研究室代表
二村祐輔 著

東京堂出版

はじめに

ここ数年、「お葬式に関するセミナー」がたいへん人気を呼んでいます。私が主宰する日本葬祭アカデミー教務研究室が、地方自治体や国民生活センターからの依頼で行っている「お葬式に関するセミナー」は、この10年間で、年間平均80回としても800回を超えました。地域的には、北は青森県から鹿児島県（与論島）に及びます。

いずれも定員オーバーという状況です。なかには希望者が多数のために抽選が行われたり、急遽、午前・午後の2回開催されたりするほど、盛況を収めたものもあります。この劇的な変わりように、実は私自身が驚いています。

高齢社会を迎え、人生のよりよき終焉を考えるために、「わかりやすいお葬式セミナー」を主催しはじめた1995年ごろは、「お葬式がテーマでは、せっかく楽しい老後を迎えようとしている人たちに水をさすようではありませんか。縁起でもない！」などと言われ、会場を探すのもひと苦労でした。また、セミナーを開催しても、5、6名が匿名で出席され、「次回の案内などは送らないでほしい！」というありさまだったのです。

セミナーの参加者の70％以上が60歳以上の方々です。「お葬式にかかる費用が高いのではないか」「お寺との付き合い方がわからない」といった疑問や、「家族の手をわずらわしたくない」「跡継ぎがいないのでお墓を守っていけない」、などの不安を抱えている人が、セミナーに訪れています。

一方、セミナー主催者は、先にあげた公的機関をはじめ、大学、仏教団体、民間の葬祭関連企業まで多彩になっています。また、お葬式についての関心は、都市部だけでなく、伝統的な慣習をとどめている地方部にも広がり、それまでの〝死のタブー〟を打ち砕きつつあるといえます。

こうしたセミナーを依頼されたとき、私がいつも利用しているのが、1999年にまとめた『マイ・エンディングノート―こころづもり―』なる小冊子です。これは葬祭カウンセラーを育成するためのセミナーでは、テキストとしても利用しています。

これは、自分の死後に遺される家族のために、お葬式のみならず介護や終末期医療などの希望を踏まえ、自分の終焉に備えて、自分自身の考え方をまとめやすくしたものです。前向きな〝生前の意志表明〟といってもいいでしょう。同時に、子どもや配偶者の立場からは、生前に聞いておくべきことを記録してもらう手段として役立ちます。エンディングノートを書くことは、家族でコンセンサスをまとめる作業にもなるのです。

この『マイ・エンディングノート』は、新聞や雑誌、テレビなどで紹介されたこともあり、多くの方々から問い合わせをいただいています。そして、実際に書き込んだ方々から意見をうかがい、改訂のたびにその要望を取り入れて、現在に至っています。

「エンディングノート」という言葉は、2011年に「ユーキャン新語・流行語大賞」の候補60語に選ばれるなど、この年はとりわけ大きな話題となりました。

その背景には、3月11日の東日本大震災が影響していると思います。一瞬にして、平穏無事な人生や家屋が奪われました。多くの尊い命が失われました。私たちは否応なしに「死」と直面し、あらためて命の大切さとともに「家族の絆」「余命への覚悟」を思い知らされました。

実は、私は東日本大震災の当日、葬祭学を教えている専門学校の卒業式に列席するため、都内にある会館のホールにいました。あの地震でホールの天井が崩落。私はその下敷きとなって13か所を骨折、1か月の入院を余儀なくされました。幸い、私は九死に一生を得たのですが、隣の席にいたビジネスパートナーを失いました。私自身であってもおかしくない状況下でした。

東日本大震災の被災者、犠牲者の方々に謹んで哀悼の意を表し、みなさまの一日も早い復興をお祈り申し上げます。


本書は、「60歳からのエンディングノート入門」を題して、自分自身の万が一のときに備えて、遺される家族や大切な人へ伝えておきたい想いを「エンディングノート」に綴っておくことを提案するものです。

私自身、来年は満60歳を迎える当事者です。かつては、数え年61歳（生まれ年に60歳となる年）の「還暦」を機に現役を引退する例や、満60歳を定年とする企業は多くありました。

しかし、最近の60歳はとても若く、還暦を第二の人生の出発点として捉える人が増えています。自分自身の終焉に向き合うことは、今をよりよく生き抜くための大切な作業です。60歳という「人生の節目」には考えていただきたいことです。

本書では、お葬式の実務に携わる立場から、お葬式の意味や歴史、日本人の死生観についても触れています。正しい知識をもって、お葬式などの事前準備を行うために役立てていただければ幸いです。

二〇一二年十月

二村祐輔

もくじ

第2章

私の「エンディングノート」の書き方

第3章

お葬式の現状と変化を理解する

第4章

お葬式の意味と歴史

第5章

日本人の死生観

第6章

お葬式の前に考えること

企画・編集❖関根有子
表紙・装丁❖立花久人・福永圭子（デザイントリム）
本文レイアウト❖西田久美（Katzen House）

第1章

エンディングノートとは何か

「万が一のとき」のために大切な人へのメッセージ

「死は、あなただけではなく万人に訪れるものだから、安心しなさい」と、言った高名な学者がいました。死の普遍的な平等さにおいては、そこに格差はありません。けれども遺された人たちにとって、やはりその戸惑いは個別の問題として、大きな不安を投げかけていくことに間違いはありません。

余命宣告から残された時間を有効に使う人、あるいは突発的・偶発的に一瞬で人生を閉じてしまう人など、そのアプローチにおいても、それぞれが天命ということであれば選択の余地はありません。すべての人が、人生の順当な時間経過の中で「死」を全うするわけではありません。仮にそうであってもその前提には「老・病」があり、今、「生」の私がなすべきことは、自分の死によっていちばん困惑するであろう人に対してのやさしさではないでしょうか。

エンディングノートは、自分自身のためというより、何よりも遺された人たちに対しての思いやりです。同時に、それを綴ることであらためて自分の気持ちを整理することができれば、ほんとうの安心が得られるのではないかと思います。

お葬式についての事前のこころづもり

1999年、私は伝統的なお葬式が形骸化・簡略化していくなかで、「お葬式に対して安易な取り組みをしてほしくない」「家庭内でお葬式について事前に思考するきっかけを持ってほしい」と、『マイ・エンディングノート ─こころづもり─』なる自分で書き込むノートを制作した本意です。

このノートは、自分史的な想い出を導入部として、預貯金・保険関係などの覚え書きや、かかりつけの病院・医院など実務的な把握のほか、介護や終末期医療についての希望を踏まえて、お葬式やその後の供養についても、一連の経過事項として整理できるようになっています。特に、葬儀においての宗教的なスタンスをどうするか、告別式については〝自分らしさ〟をどのように表わしていくか、などまで考えられるように工夫したつもりです。

実際に、エンディングノートを書き込んだ方々から意見をうかがい、改訂のたびにその要望を反映させながら、現在に至っています。

そのなかで、興味深いのは「万が一のときの連絡先」の項目に対して、多くの人たちから「知らせてほしくない人」の項目も追加してほしいという要望をいただいたことです。現在は、その要望を取り入れて「訃報連絡をする必要のない人、または私の意志により知らせたくない人」という項目となっています。現代を象徴する一面を感じました。

現在、さまざまな形式のエンディングノートが書店に並んでいます。自分で書きやすそうなものを選んで、書ける項目から記入していきましょう。

自分勝手な希望や願いばかりでは意味がない

「死」は、誰もが避けては通れない通過儀礼です。

しかし、自分の死に際して、自分自身は直接携わることができず、常に他者の手によってなされてきました。

これが何を意味するかといえば、いかに介護や終末期医療、お葬式とその後の供養の綿密な計画を立てようとも、それを実践してくれるのは家族や周囲の人であるということです。

つまり、エンディングノートには自分勝手な希望や願いばかりを綴っても意味がないということです。また、実務的なメモを書きまとめても意思は伝わりません。

自分が死んだとき、誰がいちばん影響を受けるのかをよく考えて、いろいろな事前の想定に対して意思の表明をしておくことこそ、〝大切な人へのまごころ〟というものです。

温故知新に基づいたお葬式の事前準備

近ごろは、人生の終わりのための活動を「終活《しゅうかつ》」などと軽薄な流行語で軽んじています。

たしかに、積極的にお葬式などの料金を調べたりして事前の関心が高まっています。これまで「縁起でもない」といわれた「死」そのもののタブーは希薄になりました。

特に、お葬式やお墓に特別な想いを持っている人は多く、不安を持ちながらも悔いのないお別れを実現させるためのアドバイスや、問題解決のためのサポートを行っている市民団体も存在します。

「自分らしく生き、自分らしく死を迎えたい」という風潮が高まり、あたかも「葬送は個人の自由意思の反映である」と主張し、自分らしいスタイルを求める傾向です。「自分らしさは自分勝手」と思えるような考え方を、個性と勘違いしているような人もいます。いわば無秩序な葬送施行がはびこっていると感じられます。

常々、私が「お葬式に関するセミナー」などで呼びかけているのは、伝統的なお葬式や供養の意味を知ったうえで、つまり、そこに文化を意識することから、その意味や意義を踏まえて現代に生かす知恵を促しています。

形骸化しているからといって、何でも切り捨てるのではなく、その本意を時代のスタイルに合わせて手法を考えるように提案しています。

「ありがとう」という感謝のメッセージを伝える

「万が一」は、ある日、突然訪れるものです。不慮の事故死であったとしても、手厚く介護・看病をしたうえの病死であったとしても、遺された家族や周囲の人は、もっとこうしてあげればよかった、ほかの選択方法もあったのではないだろうか、あんなことを言わなければよかった、などと後悔の念を抱き続けるものです。

「ありがとうのひと言で救われた」と話してくれる遺族は実際に多いのです。

「ありがとう」は心の傷を癒してくれる言葉です。日ごろから「感謝の言葉」をきちんと伝えることは非常に大切です。てれくさくて伝えられない感謝の言葉も、エンディングノートには素直に書くことができるはずです。

心身ともに元気なうちに、あなたにとって大切な人へ、ありのままの想いを伝えてください。大切な人とは、配偶者、パートナー、子どもや孫、両親、親戚、友人、世話になった人たちです。手紙というかたちでひとり一人に宛てて、エンディングノートに添えておくのもよいでしょう。

誰のために書き残し、誰に死を託すのか

エンディングノートは、ただ一度書いておけばいいというものではありません、ときにはいろいろと変化する自分の意思を、理解・実現してもらえる人に託すことが必要です。誰に託すのか、これが最大の課題です。

血縁関係ばかりではなく〝絆〟のある人に託す

エンディングノートは、多くの場合は、配偶者や子どもである家族に託されます。配偶者や子どものいない場合は、親族や信頼できる人に託すことになるでしょう。

私の「お葬式に関するセミナー」に訪れる人たちは、「家族の手をわずらわしたくない」「周囲の人には負担をかけたくない」、と考えている人がほとんどです。これは、死ぬときまでも家族や周囲に気づかっていると捉えることができます。

その背景には、地方部は過疎化、都市部では核家族化が進んで、コミュニティ（学校、職場、隣近所などの共同体、地域社会）が粗雑になり、他の人たちとの関係が疎遠になっていることなどがあげられます。学校でも家庭でも「他人に迷惑をかけない」と、厳しくしつけることで自立を促すという教育も、家族の「縁」さえも希薄にしているように思えてなりません。生きていくことも、死んでいくことも、結局は周囲の誰かと関わっていくことなのです。

「無縁社会」に象徴されるのは、地縁・血縁が衰退しているすがたです。かつての地域共同体には、地縁・血縁が「助け合い」の機能を持っていました。「縁」は、血縁的なつながり以外にも、巡り合わせとして「縁」や「運命」も含め無数にあるものです。自分のルーツを探る意味で家系図を作って、血縁関係のある親族をたどるのもいいでしょう。また、積極的に新たに「縁」を求めるのもいいでしょう。

エンディングノートを書くにあたり、あなたにとっての〝絆〟のある人は誰なのか、見つめ直してほしいと思います。

絆（「紲」とも書く）の語源は、馬などの動物を繋ぎ止める綱のことから、人と人を断つにしのびない恩愛、離れがたい結びつきを意味します。さらに調べていくと、土葬の際、その穴に棺を降ろすための綱を持つ人たちの〝つながり〟を表す言葉でもあるのです。つまり、最後に世話になる人、世話をかける人とのつながりという深い意味を持っています。

エンディングノートは、他者の合意がなければ機能はしません。自分の意思を理解・実現してもらえる人に託してください。

家族のコンセンサスをまとめる作業

エンディングノートは、「自分の死後に読まれるもの」と理解している人が多いかと思います。しかし、生前に伝えておきたいことを記述し、自分自身の意思を家族に理解・納得・実践してもらうためには、「生前に読んでもらうもの」であってほしいと考えています。家族の立場からいえば「生前に聞いておきたいこと」を記述してもらう手段として役立ちます。エンディングノートは、家族でコンセンサスをまとめる作業にもなるのです。

エンディングノートを書き終えたら、大事に保管していては意味がありません。エンディングノートの存在を気づいてもらう必要があります。できれば、リビングやテーブルなど、目につきやすい場所に置いておき、家族で話し合う時間を持つきっかけにするのが望ましいでしょう。

自由に書けるが、法的効力は期待できない

エンディングノートは、形式が決まっているわけではなく、何度も書き直すことができます。しかし、いわゆる「遺言書」とは違い、法的効力はありません。

実際には、遺言書には書けない法的以外のことは、たくさんあるものです。ここでは、エンディングノートと遺言書との違いを簡単に紹介しましょう。

遺言書には遺産分割を明記する

遺言は、民法に基づく行為であるため、遺言書には法律的効力が発生します。しかし、遺言書には、何を遺言してもいいというわけではありません。遺言できることは、主に次の4つに分類することができます。

①遺産の分割方法
②遺産の分割禁止
③子どもの認知
④相続人の排除

つまり、遺言書は、遺言者の財産を誰に相続させ、どのように分割するかを明確に記述するものです。誰もが遺言書を残す必要はありません。

一般に遺言書を必要とする人は、主に次のような場合が考えられます。

①事業経営者や資産家
②子どもがいない
③内縁関係の人がいる
④別れた妻や愛人に子どもがいる
⑤財産を遺したい人・遺したくない人がいる
⑥家族や親族の仲が悪い
⑦独身で子どもはいないが資産はある

以上のように、遺言書を必要とするか、しないかは、財産や子どもの有無がカギとなります。

家族間の相続における「骨肉の争い」は、決して珍しいことではないのです。トラブルの原因の多くは、分け前をめぐるものです。財産を正確に分けることは難しく、相続人が分ける割合を簡単に納得してくれないことから生じます。

争った結果、大半は法が定めるとおり「公平」に分割されるケースが多いようです。第三者から見ると平等でなくても、相続人同士が納得していれば公平であり、それが最良の分割方法ということになるのです。

相続に関するトラブルを避けるには、日ごろの家族間の意思疎通が大切ですが、遺言書を活用するのもいいでしょう。

遺言書には、自筆証書遺言、公正証書遺言、秘密証書遺言の3種類があり、それぞれに特徴があります（第2章参照）。遺言者自身が作成する自筆証書遺言の場合は、遺言書の形式や内容が不十分なことが多く、高齢になって記憶力や判断能力の低下が目立ってくると、感情的になりやすく、そのたびに遺言書を書き直すことがままあるといいます。

法的不備や紛失・破損のリスクを回避するには、司法書士や行政書士、弁護士といった専門家に相談するのがよいでしょう。

遺言書にある「付言事項」の重要性

遺言書は、基本的には財産分与という法的事項に限られていますが、「付言事項」という、相続人への私的なメッセージを記載することが許されていま

エンディングノートと遺言書、どこが違う？

エンディングノート

［生前］
人生を振り返る、介護や終末医療、葬式・供養についての希望
⇨家族や大切な人とのコンセンサス

遺言書

［死後］
遺産の相続、事業の承継・名義変更、社会的な対応
⇨法的な手続き

す。もちろん付言事項を書いたとしても、法的効力が発揮されるわけではありません。

しかし、付言事項には、遺産分与の理由や感謝の言葉などが書き添えられていることも多く、そのひと言によって遺産相続で揉めている家族関係が修復されることも珍しくないのです。相続人にとって、遺言書に添えられる付言事項は、忘れられないメッセージとなります。

遺言書の効力は、あくまでも遺言者の死後に発揮します。しかし、遺言書には書けない法的以外のことで、生前に伝えておきたいメッセージも存在します。それを綴るのが、エンディングノートなのです。あらかじめエンディングノートで自分の考え方をまとめておき、これをもとに遺言書を作成するとよいでしょう。

エンディングノートには「負債」も明らかにしておく

死亡後には、生命保険の受け取り手続き、国民年

金の受け取りのための裁定請求、銀行預金・郵便預金の引き出しと相続手続き、クレジットカードの失効手続きなど、さまざまな手続きを行わなければなりません。遺された家族が、実務的な手続きがスムーズに行えるように、不動産関係、預貯金関係、保険関係、その他財産関係、各種カードの存在をわかりやすいように記載しておきます。

特に「負債」がある場合は、必ず負債情報を記載しておきます。負債といっても、「借入金」だけとは限りません。公共料金の未納から、誰かの借金の連帯保証人になる「保証債務」も含まれます。

負債があることを相続人に伝えないまま死亡した場合は、相続人に自動的に負債も相続されてしまいます。

財産相続とは、プラスの財産だけでなく、マイナスの財産（負債）を含め、相続人が相続するということなのです。もしも遺産相続を放棄したければ、相続人は３か月以内に裁判所に相続放棄の手続きをしなければなりません。

よくあることは、意図的に被相続人が死亡してから３か月以上経過した後に、相続人に借金の取り立てにやってくることです。

エンディングノートには、負債の存在はつつみ隠さずに真実を書いておきましょう。

法的効力を持たせるためには葬儀の「生前契約」という方法もある

エンディングノートで、葬儀の内容は記述しても法的効力はありません。そのため、生前に自分の葬儀の内容や費用を決め、葬儀社を指定しておくという「生前契約サービス」があります。

これは、子どもに迷惑をかけたくない人、結婚していても子どもがいない人たちに利用されるシステムとなっています。

生前契約は、英語では「プレニード・フューネラル・アレジメント」といい、直訳すれば「万が一のときの葬儀の生前調整」となります。アメリカの大手葬儀社が考案し、わずか２年弱の間に全米に普及したといいます。契約社会であるアメリカでは、

「死」という通過儀礼も率先して契約システムをプログラミングしてしまったのです。

日本では1990年代に業務化され、葬儀社、互助会、宗教法人（霊園）、市民団体（NPO）などが、それぞれが独自に開発したシステムを提供しています。単に企業と自分だけの契約ということではなく、できればそれを公証人を通した「公正証書遺言」という形で、事前に行政書士事務所などと相談をして進めるケースも多いようです。

契約締結の際には、親族の同意を得ることが前提とされています。しかし、親族の同意が得られない場合や本人の希望で親族には知らせたくない場合、あるいは親族のいない単身者の場合には、エンディングノートに施主となる祭祀継承者を指定しておけば、契約を締結されます。祭祀継承者には、自分の意思を理解してくれる親しい友人や団体（市民団体や民生委員など）などが多く、本人にもその旨の承諾が必要です。

現実には、お金のからむことですので、十分な信頼と合意を得ておかないと、かえってトラブルのもとになります。

生前契約には、次のようなものが含まれます。

①葬儀内容を詳細に決める。
②葬儀費用の支払い方法を明確にする。
③上記の内容を契約書にする。

注意したいのは、死を迎えるまでに周囲の事情や環境、自分自身の考え方も変わるかもしれません。契約には「解約・変更」が可能かを確認します。また、葬儀社が倒産した場合、契約が実行されないことが多々あります。葬儀費用の支払いは、負担付遺贈とすれば、施主が契約どおりの葬儀を行った場合のみに支払われます。

さまざまな事前契約サービスがありますので、契約内容をよく確認したうえ、信頼でき機関であるかみきわめる必要があります。

終末期医療は、自分ひとりの問題ではない

エンディングノートの中で難しいのが、終末期医療についての希望です。どのように死を迎えるのか考えておくことは、これまでの人生に始末をつけていくことであり、残された時間を生きぬくうえで大切な作業です。

しかし、エンディングノートを書くことは、自分ひとりの問題ではありません。

事前に準備しておきたいのは、身のまわり品の整理

２０１０年11月4日付けの朝日新聞には、「死生観」に関する全国世論調査結果が掲載されており、興味深い内容でしたので紹介します。

「死に備えて準備しておきたいのは」（複数回答）という質問に対して、「身の回り品の整理・処分61％」が過半数を上回り第1位です。

将来は遺品となる家財道具が整理・処分ができず困っているという高齢者が多いのは事実であり、年々、遺品整理サービス業の需要が高まっていることに反映されています。

次に「延命治療の意思表示52％」も過半数を上回り、続いて「脳死での臓器提供の意思表示35％」「葬式や墓の形式の意思表示31％」「遺言書の作成19％」となっています。

死に備えて、準備しておきたいこと

①身のまわり品の整理・処分	61%
②延命治療の意思表示	52%
③脳死での臓器提供の意思表示	35%
④葬式や墓の形式の意思表示	31%
⑤遺言状の作成	19%
⑥死を知らせたい人のリスト作り	12%
⑦自分史などの作成	3%

＊複数回答、「その他・答えない」は省略
資料：朝日新聞「死生観」に関する全国世論調査

家族とともに考えたい延命治療の意思表示

先の「死生観」に関する全国世論調査では、延命治療についての質問も行っています。治る見込みのない場合の延命治療は、「希望しない81％」「希望する12％」であり、延命治療を受けるかどうか本人の意思がはっきりしない場合には、「家族が延命治療を拒んでもよい72％」「そうは思わない22％」となっています。

延命治療を希望しないということは、「尊厳死」を選択するという意味になりますが、日本では尊厳死に関する法律があるわけではないのです。

尊厳死を定義するのは難しいものがありますが、日本尊厳死協会では「不治かつ末期になったときに、延命措置をやめてもらい、人間としての尊厳を保ちながら死を遂げること」と定義し、事前に「尊厳死の宣言書」（リビング・ウイル）を医師に提示する運動を展開しています。

一方、弱い立場の者に「死の選択を迫る権利」におきかわっていかないかと、尊厳死の法制化を反対する動きがあります。２０１２年７月12日の国会では、尊厳死法案の撤回が求められています。

類似した言葉に「安楽死」があります。これは、苦痛から逃れるために患者の要請にこたえて、能動的に死を受容するための医療行為といえます。日本では、安楽死が合法と認められることはありません。

エンディングノートには、終末期医療の希望として「延命措置について」の項目があります。終末期になれば、自分自身の判断能力は低下し、意思表示もできないような状況になるのは必然です。そのときは、あらゆる判断を家族に託さなければなりません。

治る見込みがなく尊厳死を選択しなければならないような状況と診断されるような場合、家族はその選択を悩み、死を決定したことの罪悪感に一生後悔するかもしれません。

しかし、患者本人の「延命治療の意思表示」があれば、家族の精神的な負担を和らげることができるというものです。尊厳死は、患者本人だけの問題ではなく、周囲の人にとっても大きな決断を迫られる難しい問題です。

私自身でいえば、病状の見通しや余命宣告ははっきりとしてもらいたいと思います。ただ、痛いのはやはり嫌なので、苦痛が伴うような延命治療は拒否したいと考えています。また気管切開やチューブによる食物や栄養の摂取がなされるようならば、相応の覚悟を持って固辞したいと思います。これらは普段から妻や娘には話をしています。

決して時流に流されずに判断してもらいたいのです。そして、家族とともに「生と死」を語り合う機会を持ってほしいと思います。

誰もが余生を真剣に考える時代へ

「人生50年」といわれた時代は、はるか昔のことです。長寿社会によって、あたらたに生まれる不安を解消するには、余生を生きぬくための準備をしていくことが求められているのです。

超高齢社会・多死社会を迎えて未曽有の不安がとりまく

日本は、２０１５年には65歳以上の高齢者が、国民の４人に１人という超高齢社会*が到来します。私たちは、世界のどの国も経験したことのない「超高齢社会・多死社会」を迎えて、未曽有の〝不安〟がとりまいています。

この不安は、介護、福祉、終末期医療にとどまらず、お葬式やお墓の問題から供養継承にまで及んでいます。こうした不安を解消するには、それぞれの問題における良い点を知り、悪い点をあぶり出していくことにつきます。

私は介護や医療、相続の専門家ではありませんから、それらは具体的に語ることはできません。しかし、お葬式については、その実務にかかわる者として述べることができます。

60歳の「還暦」は人生の節目

還暦は、数え年61歳（生まれ年に60歳となる年）

を祝福し、周りの者が長寿にあやかるという「通過儀礼」のひとつです。昔の暦では、十干《じっかん》と十二支《じゅうにし》が60年でひと回りし、61年目に暦が戻ることから「本卦還り《ほんけがえり》」ともいわれます。還暦には、「生まれ代わる」という願いが込められ、赤いずきん・赤いちゃんちゃんこ・赤い座布団などを贈るという習慣があります。これは、赤ちゃんに還る（生まれた年の干支に還る）という意味と、赤は魔よけの色ということに由来します。

還暦は、中国の儒教による敬老思想や長寿を尊ぶ思想が日本に伝わり、長寿の祝い事として広まったものです。地域によっては、還暦を厄年として捉えてお祓《はら》いをするところや、長寿を祝うとそれ以上は長生きしなくなると祝わないところもあります。

リタイアライフに覚悟してのぞむ

「人生50年」といわれた時代には、恵まれた人間以外は、死ぬ直前まで働き続けたものです。現役を引退してからの余生を考える必要がありませんでした。しかし、２０１１年の日本人の平均寿命は、女性85・90歳、男性79・44歳です。会社勤めの場合、満60歳で定年を迎えれば、20年の余生があることになります。定年後は余生ではなく、現役を引退してからの第二の人生（リタイアライフ）の出発点として捉える人が増えています。

もはや、リタイアライフそのものが重要な課題になってしまいました。長生きであればあるほど、真剣に老後と向き合わなければなりません。「人生50年」の時代は、長生きする老人が少なかったために、生きているだけで尊敬されるべき存在だったのです。

しかし、超高齢社会を迎えた現在は、長生きをしているだけでは「邪魔者扱い」されてしまい、自分自身にとっても有意義な余生とはいえないでしょう。誰もが余生を真剣に考え、覚悟を持ってのぞまなければならない時代になったのです。

増税や年金の減額・支給開始年齢の引き上げの動きなど、私たちをとりまく環境は不透明さを増すばかりで、悠々自適のリタイアライフを望める時代ではなくなりました。

定年前後になれば、年金や保険、住まい、親の介護や旅立ち、相続などといった、さまざまな問題に直面します。その中で、自分自身の終焉に向き合うことは、今をよりよく生きぬくための大切な作業なのです。

60歳という人生の節目に、「万が一のとき」のために事前準備を考えてほしいと思います。

＊超高齢社会

団塊世代（１９４７～49年に生まれた人）が、65歳以上となる２０１５年には、高齢者人口は３０００万人を超え、高齢化率は26・９％と推計され、75歳以上となる２０２５年には３５００万人に達すると見込まれます。総人口が減少するなかで高齢者が増加することで、２０３５年には高齢化率は33・７％で、３人に１人が高齢者です。高齢化率21％以上の社会を「超高齢社会」といいます。

第２章

私の「エンディングノート」の書き方

この章では、小冊子『*マイ・エンディングノート ―こころづもり―』（抜粋）に記載されている項目を紹介します。自分自身への「こころづもり」だけでなく、事前の対応から「豊かな死」があることを感じとってください。

私の思いを託したいあなたへ

私こと（　　　　　　　　）は、

　　年　　月　　日に、生前の思いをこのノートに書きしるしておきました。

どうか、私の意志を尊重して、この内容に基づいた処遇を下記の（続柄　　　）の（名前　　　　）に託しますので、よろしくお願いいたします。

捺印

記載完了日　　年　　月　　日

署名＿＿＿＿＿＿＿＿＿＿

1. 私の生活環境

記入日　　年　　月　　日

氏名	：
生年月日	：　　　年　　月　　日
出生地	：
本籍	：
居住地	：

＊『マイ・エンディングノート ―こころづもり―』
（編集・監修：日本葬祭アカデミー教務研究室
発行人：二村祐輔、発行所：有限会社セピア）

私の家族

氏名	続柄	生年月日	住所・電話	備考

私の親戚

氏名	続柄	住所・電話	備考

私の先祖

氏名	続柄	享年／没年齢	埋葬地

家系図（続柄）　＊数字は親等数

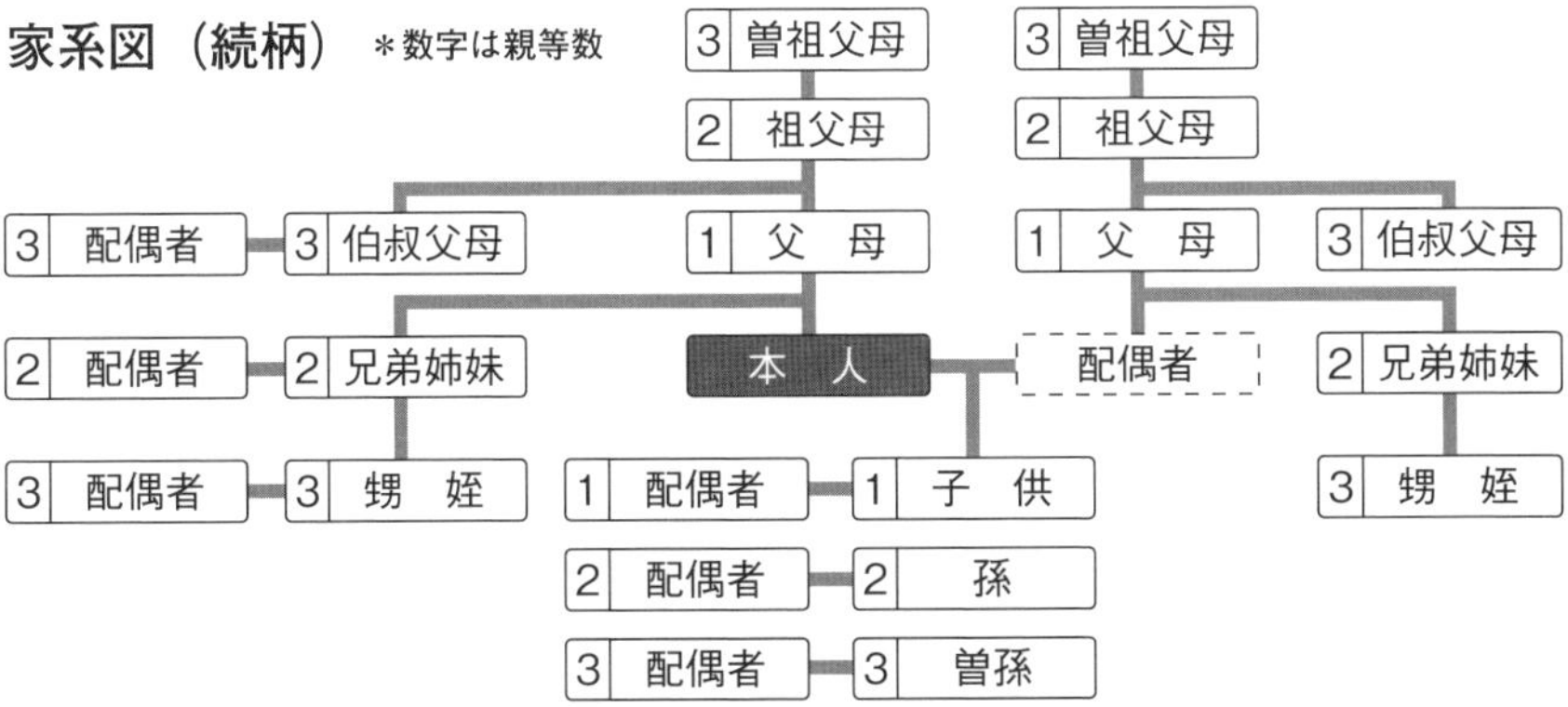

私の親しい友人・仲間

氏名	連絡先・電話	備考

私の所属している（していた）会社・団体・サークルなど

会社・団体名	連絡先・電話	備考

私の好きなこと・好きなもの

趣味：　好きな食べ物（嗜好品）：　好きな花：
好きな服：　好きな場所・風景：　その他：

私の想い出

若かりし日のこと（子どものころ・青春のころ）：
仕事や趣味のこと：　家族のこと：　最近のこと（今思うこと）：

私の運勢指数

それぞれの運の所に指数を入れ、自由にコメントを書いてください。

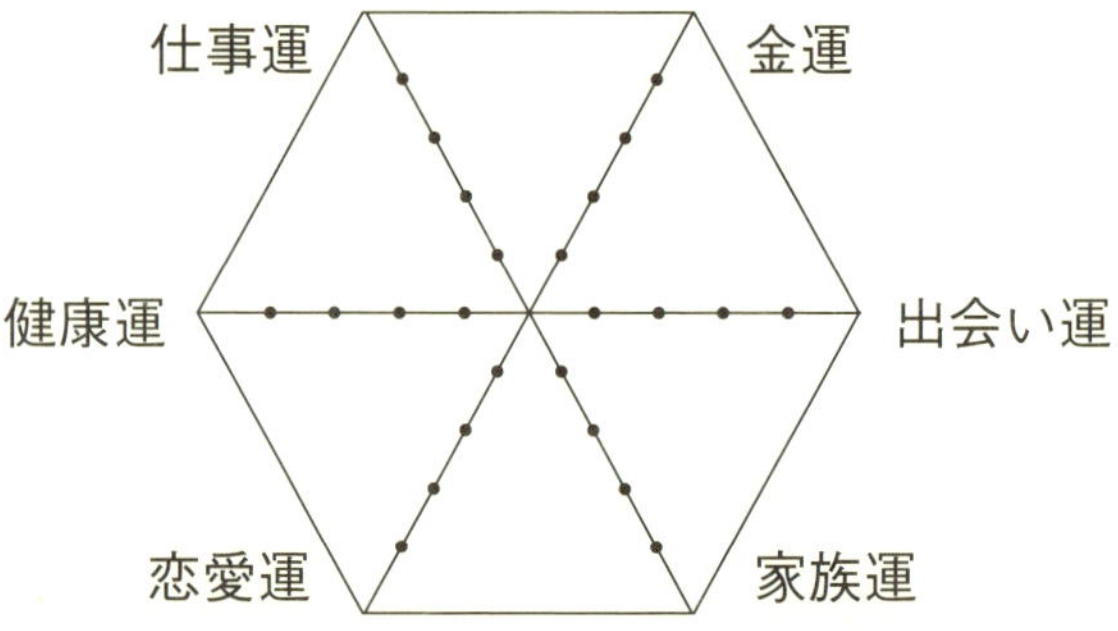

2. 私の想い出の足跡

私の想い出に残る場所

生誕地・学校所在地・新居（転居）・転勤・旅行地などを書いてください。

※その地名や時期・想い出を書き添えるとよいでしょう。

	地名	時期	目的	コメント
①				
②				

私の思い出の写真

場所：　　　　時期：　　　　コメント：

3. 私の財産

遺された者にわかりやすいように指示をしておく事柄などを記載。複数ある場合は、それぞれ詳細に記載しましょう。

不動産関係

	内　　容
所在地	
名義人	
抵当権の有無	
抵当権者	
資産概算金額	
権利書の保管場所	
備考・要望等	

預貯金関係

	内　　容
金融機関名	
預貯金の種類	
口座名義人	
口座番号	
保管場所	
備考・要望	

各種カード

名称	カード番号	連絡先	保管場所	備考（損害保険の有無等）

保険関係（生命保険．医療保険・損害保険など）

	内　容
保険会社名	
保険商品名	
証券番号	
契約者	
満期日	
受取人	
保険金額	
指定代理人	
手続きの連絡先担当者等	
満期金額	
保管場所	
備考・要望	

Point!

個人的な項目なので別紙に記載してもかまいません。

印鑑の保管場所やキャッシュカードの暗証番号は、エンディングノートには記入しないでください。託したい人に伝えるか、自分で工夫しましょう。年会費など、余分な引き落としがされないために、速やかに解約の手続きをしてください。

その他財産関係

種類	資産価値・名義・継承等についての連絡先など
株式等証券類	
会員権等 権利証類	
貴金属·美術品等	
借り入れ·負債等	
そ　の　他	
保管場所	

4．遺言・成年後見人制度について

遺言の種類について

〈法的遺言の種類〉

○自筆証書遺言

・遺言者本人が全文を自筆により自書します（パソコンなどは認められません）。

・作成年月日・署名捺印（認印で可）は必要条件です。

・不動産の表示は登記簿謄本記載のとおりです。封筒に入れ、封印をします。

・原本は遺言者自身で管理します。

・簡略ですが、記入不備などでトラブルも多いようです。

○公正証書遺言

・公証人に依頼して作成する遺言です。原本は公証役場に保管されます。

・費用が数万円かかりますが、安心で確実な遺言として信頼されています。

・遺言の破棄・改ざんなどを心配される方におすすめします。遺産の額にかかわらず、いちばん安心な方法です。

○秘密証書遺言

・遺言者自身が作成（自筆、パソコン、代筆なんでも可）して、署名・捺印をします。
・２人以上の証人と公証役場に出向き、自分の遺言であることを証明する遺言です。
・原本は遺言者自身で管理します。
・自筆証書遺言や公正証書遺言にくらべてあまり利用されていないようです。

成年後見人制度について

成年後見人制度とは、判断能力が不十分な方々で、認知症高齢者・知的障害者・精神障害者などの日常生活を法律的に保護する制度です。

たとえば、介護保険制度のサービスを受けるには、要介護（要支援）者本人と介護サービス指定事業者との間で契約を結ぶ必要があります。この契約のための判断能力が不十分な場合、自分が損害を受けるような契約をする恐れがあります。

このような日常生活における損害を受けないように法律的に本人の権利を守る方法が成年後見人制度です。認知症や知的障害などで、日常生活の中で判断能力が不十分であると考えられる人に代わって、財産管理や福祉サービスの契約などを行う人といえます。

新たに軽度の認知症、知的障害などを対象とする「補助」類型が新設されました。従前の「禁治産」「準禁治産」類型を改めて、「後見」「保佐」の３類型となっています。特に認知症高齢者の場合には、配偶者も高齢に達していることが多く、必ずしも適任とは限らないことから、配偶者法定後見人制度を廃止し、適任者の選任ができるようにするもので、これにより「信頼のおける第三者を後見人に選任することが可能」となり、身内間のトラブル回避にもなります。そこで、任意後見契約による任意後見制度が創設されました。

本人の判断能力が低下した後は、本人が自ら任意代理人を監督することはできず、権限の濫用の恐れがあるため、実際には判断能力低下後の事務に関する代理権をその低下前に授権する委任契約は、利用することが困難な実情にあるので、任意後見契約による任意後見制度が創設されました。それにより任意に、つまり本人の意思により後見人を選任できます。

私の場合

遺言の有無　□有　　□無

遺言の種類

□　自筆証書遺言　保管先：

□　公正証書遺言　原本保管先：

□　秘密証書遺言　保管先：

成年後見人制度利用の有無　□有　　□無

□　この制度の手続きを済ませてある。この制度を利用したい。

後見人名：　　　連絡先：

□　家族や親族に任せるので必要ない。

Point!

【公正証書、遺言作成については】

日本公証人連合会
〒100−0013
東京都千代田区霞が関1−4−3
大同生命霞が関ビル5階
TEL03−3502−8050
FAX03−3508−4071
http://www.koshonin.gr.jp/

【成年後見人制度の詳しい内容は】

公益社団法人
成年後見センター・リーガルサポート
〒160-0003
新宿区本塩町9—3 司法書士会館4F
TEL03−3359−0541
FAX03−5363−5065
http://www.legal-support.or.jp/

5. 介護や病床について　歯科や施療院なども記載しておきましょう。

病院や介護施設などのリスト

病院・介護施設	電話番号	科目	担当医師名	備考

＊保険証の保管場所・他の医療証明書の番号なども記載。

緊急連絡病院

病院名・電話番号

日常、飲む薬など、誰にでもわかるようにしておく。保管場所・用途など。

過去の病歴（手術歴など）

病名	時期	病院名	担当医師名	備考

体質（アレルギー、その他）

血液型　　本人　　型

6. 介護や病床での希望

介護保険の利用について

申請用紙は市区町村役所の介護保険関係窓口（名称は役所によって異なる）でもらえます。そこで、記入の要領を職員から直接聞くのがよいでしょう。家族の代理でも可能です。

全国的な制度ですが、運用詳細は各自治体に任されていますので注意が必要です。申請後、約１か月以内にその結果が報告されます。医師の意見書が重視されますので、普段から、かかりつけの医師と意思の疎通を図っておくことが大切です。

住んでいる地域の施設やボランティアの見つけ方

一般に施設には、特別養護、老健施設、あるいはグループなどがあります。役所の関係窓口で聞くことができますが、それぞれに入所資格やそこでの利用条件がありますので、事前調査が必要です。近所の評判や、実際に入所されている方から直接話を聞くのがよいでしょう。入所後、自分に合う、合わないなど、必ず不満が出てきます。それは日常のことであるため、たいへん苦痛になります。

また、退所や移転をする際の条件なども最初に聞いておくとよいでしょう。場合によっては何か所か移り（市町村外・県外も含めて）、最終的に自分にとって快適な介護生活を送ることができる施設を見つけることが大切です。

役所や施設では、そこでの民間ボランティアを紹介してくれます。どういうサポートが必要なのかを具体的に希望するとよいでしょう。

ホームドクターの見つけ方

都市部では、診療施設と医師の住まいが別々のところが多いです。大きな病院であれば、当然そのようなケースになるので、その地域住民として在籍している医師のいる医院や診療所が望ましいでしょう。特に緊急時の往診や日常の訪問診療、また健康相談なども気軽にできると安心です。理想的には自宅から歩いて行ける距離範囲で、医師の人柄が自分と合うかどうかも決め手です。

セカンドオピニオンについて

診断や治療方針について主治医以外の医師の意見を聞くことをセカンドオピニオンといいます。がん治療では、手術・放射線治療・化学療法それぞれの長所を生かすこと（集学的治療）により、最も高い治療成績とQOL（quality of life＝生活の質）を得ることができますので、いろいろな意見を聞くことが重要となります。

○いつ受けるか

病名を診断されてから初回治療を受けるまでの間に受けるのが最も効果的です。「がんかも知れない」と診断されると、患者は「１日も早く治療を受けなければ」とあせりますが、一般に進行が著しい場合を除けば、数週間の遅れが治療結果に悪影響を及ぼすことは少ないといわれています。

○どのようにして受けるか

主治医との間で治療について十分な話し合いが行われているかが重要です。患者の病状を最もよく理解しているのが主治医です。しかし、主治医とはつながりのないセカンドオピニオンにかかることが推奨されます。その目的は、最初から再診して結果を出すということではないのです。主治医に意思を伝えて紹介状を書いてもらい、病理検査、画像（レントゲンやCT）などの診療情報をもらい、セカンドオピニオンにかかります。

私の希望

私の介護は

□設備や人材の整った施設で、介護生活を送りたい。

□グループホームのような小規模のところでもよい。

□施設などが不備でも、家族に迷惑がかからないような施設に入りたい。

□自宅に設備を整え、家族に頼って過ごしたい。

□その他の希望

入院、入所可能な介護・福祉施設などのリスト　※自分で調べておきましょう。

名称	住所	電話番号

役所関係の相談先を記載しておきましょう。

相談先	電話番号

Point!

施設のパンフレットや案内書があれば、資料としてもらっておきましょう。いろいろ集めて、くらべてみることも大切です。

7. 終末医療について

在宅医療について

医師による自宅での往診と定期的な訪問診療、看護師による訪問看護、また理学療法士による訪問リハビリテーションなどがあります。

最近は、点滴など医療器具を自宅に設置することも多く、それらの継続的な管理点検も必要です。寝たきりなどで通院が困難、在宅医療を依頼したいという場合は、かかりつけの医師に相談して、その医師が訪問診療を行っていない場合でも他の医師を紹介することもあります。また、保健所や在宅介護支援センターなどへも問い合わせてみてください。

ホスピスについて

余命宣告などを受けて、その間の人生をどのように過ごすか、これは人としてたいへん重要な課題です。単なる医療的な緩和ケアだけでなく、患者の人格を最優先するような医療や看護スタッフのいる施設が望まれます。単なる医療施設としてみるのではなく、充実した生をまっとうするためにも、その雰囲気や環境だけでなく、そこでの入所条件や入院規定などをしっかりと見極めてください。

特定非営利法人 日本ホスピス緩和ケア協会
〒259-0151 神奈川県足柄上郡中井町井ノ口1000-1 ピースハウス病院内
TEL 0465-80-1381 ／ FAX 0465-80-1382
http://www.hpcj.org/

尊厳死について

治る見込みのない病気にかかり、死期が迫ったときに「尊厳死の宣言書」（リビング・ウイル）を医師に提示して、人間らしく安らかに自然な死を遂げる権利を確立する運動を展開しています。リビング・ウイルとは、自然な死を求めるために自発的意思で明示した「生前発効の遺言書」です。

その主な内容は、以下のとおりです。

①不治かつ末期になった場合、無意味な延命措置を拒否する。
②苦痛を和らげる措置は最大限に実施してほしい。
③数か月以上にわたり植物状態に陥った場合、生命維持措置を取りやめてほしい。

日本尊厳死協会では、このリビング・ウイルを発行しており、入会希望者が署名・捺印した書面を登録・保管しています。登録手続きが完了すると、会員証と証明済みのリビング・ウイルのコピーをお渡しています。（日本尊厳死協会　ホームページから抜粋）

一般社団法人 日本尊厳死協会
〒113-0033 東京都文京区本郷2-29-1 渡辺ビル201
TEL03-3818-6563 ／ FAX03-3818-6562
http://www.songenshi-kyokai.com/

臓器提供について

臓器移植とは、重い病気や事故などにより臓器の機能が低下し、移植でしか治療できない方と死後に臓器を提供してもいいという方を結ぶ医療です。

社団法人日本臓器移植ネットワーク
〒105-0001 東京都港区虎ノ門1-5-16 晩翠ビル3階
TEL 03-3502-2071
http://www.jotnw.or.jp/

献体について

「自分の死後、遺体を医学・歯学の教育と研究のために役立てたい」と志した人が、生前から献体したい大学またはこれに関連した団体に名前を登録しておき、亡くなられたとき、遺族あるいは関係者がその遺志にしたがって遺体を大学に提供することによって、はじめて献体が実行されます。

財団法人日本篤志献体協会
〒160-0023 東京都新宿区西新宿3-3-23 ファミール西新宿4階404
TEL 03-3345-8498 ／ FAX 03-3349-1244
http://www.kentai.or.jp/

私の「死」についての想い（希望の項目を記載してください）

余命が確定したら

□残された時間を有意義に過ごすために、教えてほしい。

□どちらともいえない。家族に任せる。

□教えてほしくない。

終末医療の内容について

□苦痛だけは取り除いてほしい。

□多少の苦痛はあっても、最後まで意識を維持したい。

□できるかぎりの治療を施してほしい。

□何もしなくてよい。

どこで終末医療を受けたいか

□自宅

□病院

□介護施設

□ホスピス

□その他（　　）

延命措置について

□少しでも可能性があれば延命措置をしてほしい。

□脳死は認めず、心臓の動いているかぎり治療してほしい。

□尊厳死を望む。

どこで最期を迎えたいか

□自宅

□病院

□介護施設

□ホスピス

□その他（　　）

誰に自分の最期を看取ってほしいか（危篤を知らせてほしい人）

□家族

□できるだけ多くの友人・知人

□その他（　　）

死に際して自分の意思として考えていること

※献体や臓器提供についての意思があれば記載しましょう。

8．生前から考える、私の「お見送り」

お葬式の習俗的な意味

葬儀
（儀礼）

遺体と魂に対する儀礼（リチュアル）。遺体には納棺し、火葬場で荼毘に付すという対応が必要。魂に対しては宗教的な作法（仏式・神式・キリスト教式・その他）に準じて、遺族中心にこれを執り行う。

＋

告別式
（式典）

個人や遺族の社会的、人的関係が中心に行われる式典（セレモニー）です。その施行に際しては、行うかどうかの有無を含めて自由に考えてもよい。手法・場所・目的も主催者（遺族・友人・第三者など）によって自由に執り行う。

▼

このまったく異なる要素を持った２つの行いを併せて「お葬式」と呼ぶ。

私の家の宗教

宗教的にはこうしたい

□信仰している宗教、宗派がある（菩提寺や教会がある場合は記載）。

宗教	宗派	寺院・教会名	住所・電話番号

□現在の菩提寺に供養（葬儀）をしてもらいたい。

□菩提寺が地方で遠いので、新たに同じ宗派の寺院を住んでいる近くで探したい。

□宗派にこだわりなく、気持ちの通じ合う住職や感じのよい寺院であれば、そこを菩提寺としたい（家族の意思も重視）。

□キリスト教や神道、その他の宗教に宗旨替えをしたい。宗教名：

□特に無宗教でもよいと思っている。

戒名・法名の希望をあらためて確認

□戒名はいらない（俗名でよい）。菩提寺を有している場合は、問題があるので寺院に相談のこと。

□戒名はいただくが、そのランクはまったく気にしない。

□できれば先祖と合わせた（ランクなど）戒名をいただきたい。

□生前にいただいておきたい。

□いただくのならば、自分の好きな文字を入れてもらいたい。

□戒名は自分で考えたものを授与してもらいたい。

自分で考えた戒名

いん号　道号　戒名　位号

〈例〉○○院　○○　○○　居士（大姉・信士・信女など）

Point!

戒名について

葬儀を菩提寺や寺院に頼んだ場合、原則的に葬儀・埋葬の際、戒名や法名がつけられます。そのため檀家菩提寺という関係が発生します。

9．一般的な葬儀の流れ

逝　去　病院、または自宅。

↓

安　置　逝去の場所から安置場所（自宅・式場）に搬送される。

↓

打ち合せ　喪主を決定し、寺院や通夜・葬儀・告別式の日程、料理、返礼品などを決める。

↓

連　絡　親族・関係者・地域へ訃報の公示、死亡診断書などの法的手続きを行う。

↓

湯かん・納棺　故人を清め、納棺する。

↓

通　夜　本来は親族中心ですが、最近は知人の人数のほうが多い傾向にある。

↓

清め席　通夜開始と同時の場合と、通夜後の場合がある。明朝まで線香を絶やさないように「夜とぎ」をすることもある。

↓

葬儀・告別式　読経・引導・焼香など、会葬者の礼拝を受ける。喪主による御礼挨拶など。

↓

出　棺	主に霊柩車で火葬場へ出棺する。同行者はマイクロバスなどで同行する。
↓	
火葬場	遺体を荼毘に付す。※地域によっては通夜の後に火葬場へ行くところもある。
↓	
お骨上げ	同行者一同で収骨容器（骨壺）に納める。火葬場を後にして、自宅や式場、精進落としの場に向かう。
↓	
還　骨	遺骨を安置して、繰り上げて初七日法要することも多い。
↓	
精進落とし	地域習慣にて行う。
↓	
忌中・喪中	逝去日から49日で忌明け。１年間は喪中欠礼など。

Point!

亡くなった場所による、その後の対応の違い

○病院の場合は、医師より死亡診断書を受け取ります。
○自宅の場合は、かかりつけの医師に来てもらい、死亡診断書を受け取ります。
○自宅での孤独死・変死の場合は、「119番」または「110番」に電話します。警察の検視を経て警察医による検死が行われ、死因が確認された後、死体検案書を受け取ります。
○海外の場合は、現地の日本大使館か領事館に連絡を入れます。

10. 自分らしいお葬式へのステップ

事前の見積もり

どうしても必要なもの ➡
・棺：３万円前後から多種類ある。
・火葬料金：市民無料から数万円まで地域によって異なる。
・霊柩車：車種・距離によって異なる。３万円前後からある。

一般的に必要なもの ➡
・搬送費用（病院などから自宅・斎場への寝台車）。
・遺影写真作成。遺族や自分で制作してもよい。
・遺体保全にかかわるもの（ドライアイスなど）。
・収骨容器（骨壺）。
・宗教祭祀設備（宗派によって異なる。仏式では香炉・ローソク台・水（花）の三つ具足が必要。
・マイクロバスなどの車両（火葬場への同行者移送など）
・会葬者対応設備（受付・記帳など）
・会葬者対応飲食（通夜振る舞い・精進落としなど地域慣例に準じて）

要望により準備するもの ➡
・祭壇（白木祭壇・生花祭壇など）
・宗教儀礼にかかわるもの（仏式では読経・戒名などのお布施や車代。教会などでは献金・謝礼など）
・斎場使用料（葬祭ホールなどの式場費用）
・宿泊にかかわる費用（親族・遺族）
・会葬礼状（オリジナルなものの自主制作も可能）
・返礼品（会葬の粗供養品や香典返しなど）
・その他

Point!

葬儀の見積書

①事前の見積書は、直接の葬儀費用だけではなく、全体を把握すること。お布施の見当や接待にまつわる費用・諸雑費・埋葬なども含めるとよいでしょう。

②追加や天候、季節的な要因で増減があることを示唆し、その予想額も概算で見積もること。

③上記を確認した後で、要望と目安にした見積金額内での対応ができるかどうかの判断をすること。他社の見積書と比較するとわかりやすい。

お葬式の形態について

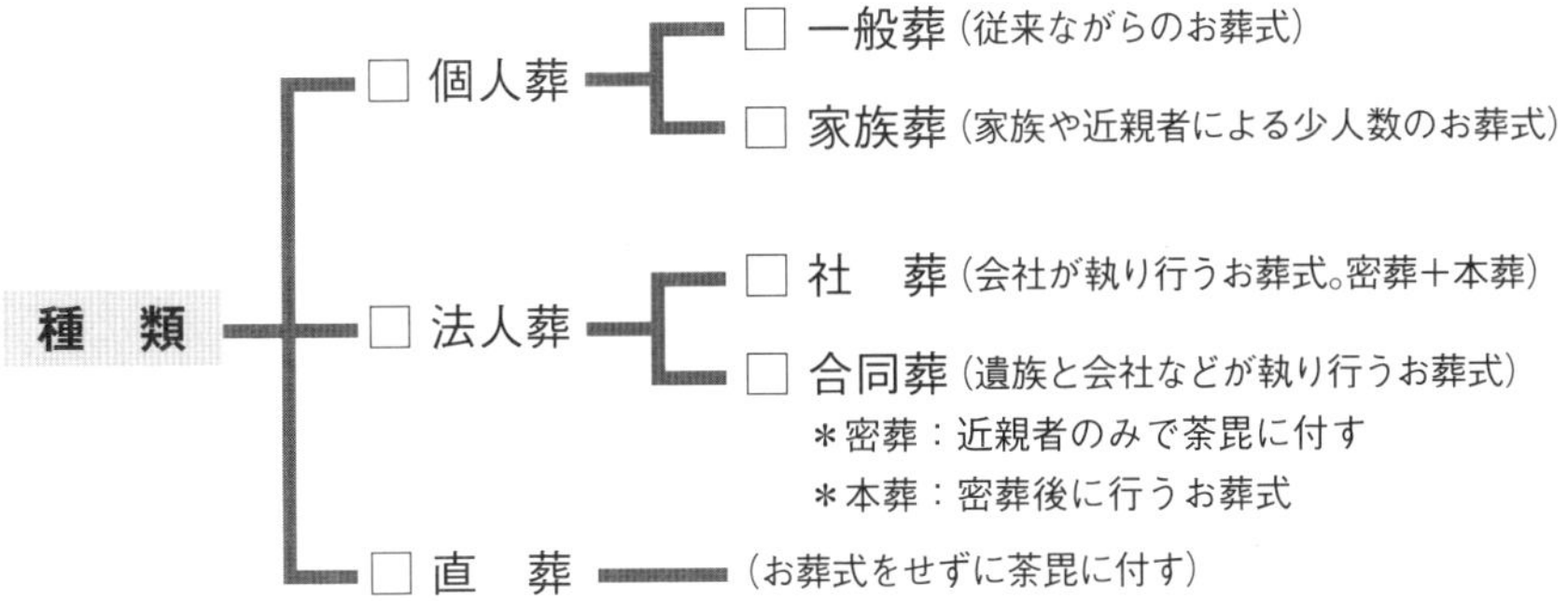

お葬式の形式は

□仏式
各宗旨・宗派、菩提寺などによって異なる。
□神式
葬儀のことを神葬祭、告別式のことを葬場祭と呼ぶ。
□キリスト教式
カトリックとプロテスタントに大別できる。一般に、線香の代わりに献花、読経の代わりに聖書朗読を行う。
□無宗教式
その名のとおり宗教者を介さずに執り行う。葬儀には、献花、お別れの言葉、好きだった音楽を演奏するなど、送る側の工夫が必要。その後の年忌法要についても注意が必要である。
□その他
友人葬、新興宗教の葬儀などがある。

無宗教葬儀を希望する人は

どのように執り行いたいのか、具体的な要望を記載する。

お葬式に参列してもらいたい人数

想定する会葬者数を概算して、受け入れ規模と香典を受けたときの収入も想定してみましょう。

□家族：		名
□親族：普段から付き合いのある血縁関係者	約	名
□親戚：疎遠でも知らせなければならない親戚	約	名
□友人：親しくしている友人・知人	約	名
□仕事関係：会社や商売の関係者	約	名
□近隣・地元関係：町内・周辺地域の関係者	約	名
□趣味の会：サークルや習いごとの仲間	約	名
□家族の対外関係者：家族の勤務先関係者など	約	名
□その他：	約	名

合計　約　　名の会葬者が予想される。

香典の予想額　　　　　円くらいは集まる予定。

お葬式全体の総額費用の希望概算

どれくらいの予算で葬儀を行うか記載してください。

予算規模　概算内訳（割振り目安・万円単位）	葬儀社	お布施	接待	返礼
□30 ～ 50万円	10 ～	10 ～	10 ～	
□60 ～ 100万円以下	20 ～	15 ～	15 ～	15 ～
□100 ～ 200万円以下	30 ～	25 ～	30 ～	20 ～
□200 ～ 300万円以下	50 ～	35 ～	40 ～	30 ～
□300万円以上	80 ～	50 ～	50 ～	50 ～

Point!

葬祭料（葬儀社）・お布施（寺院関係）・飲食（接待など）・香典返し・諸雑費（親族の宿泊代や心づけ）など、葬儀にまつわるすべての合計金額の枠決めを行うとよいでしょう。

具体的な要望

祭壇

□昔ながらの白木の祭壇にしてもらいたい。
□好きな花で飾る花祭壇にしてもらいたい。
□自分なりにアレンジしたオリジナル祭壇にしてもらいたい。
□遺族に任せる。
□祭壇はいらない。

棺

□素材にこだわらないデザイン性のあるもの（彫刻や色彩）。
□素材にこだわる（無機材や檜など）。
□なるべく安価なもの。

遺影写真

□準備してある。保管場所（　　　　　　　）
□家族に任せる。

式中の演出

□音楽を流してもらいたい。好きな曲（　　　　　　　）
□花飾りを希望する。好きな花（　　　　　　　）
□その他

挨拶・弔辞などをお願いしたい人

あらかじめ申し伝えておくことが必要です。
（　　　　　　　　　様）（　　　　　　　　　様）

副葬品（棺に入れてもらいたいもの）

□私の愛用品を入れてもらいたい。愛用品（　　　　　　　）
□死装束は昔ながらのものより自分で考えたい。死装束（　　　　　　　）
□その他

形見分け

□遺品として残したいものがある。（　　　　　　）
□形見分けしたいものがある。（　　　　　）を（　　　　　）さんへ
□寄付をしてもらいたいところがある。（　　　　　）を（　　　　　）へ

11. 万が一のときの連絡先

危篤を知らせてほしい人

名前	連絡先		関係
	電話（携帯）	FAX	

死亡の第一報を知らせてほしい人、相談してほしい人

名前	連絡先		関係
	電話（携帯）	FAX	

Point!

菩提寺や地元の世話役の方々などと、相談する必要もあります。

お葬式の日時が決まったら、なるべく早く知らせてほしい人

この人に連絡することで、それぞれ関係者へ連絡をしてくれる方の名前を記載してください。

名前	連絡先		関係
	電話（携帯）	FAX	

お葬式を誰に任せるか、事前に調べてあるか

お葬式を事前に調べてあるか

□ある

□ない

誰に任せる

□家族（長男○○○○）

□○○○○様

葬儀社または団体や会に任せてある

社名：

連絡先：

担当者：

見積もり（予算）：

公共の施設（葬儀場）

施設名：

連絡先：

概算：

菩提寺がない場合に任せる寺院・住職

寺院名：

住職名：

連絡先：

訃報の連絡をする必要のない人（私の意思により知らせたくない人）

名前	関係	理由

12. 私はどこに、どう埋葬されたいか

現状を把握するために

墓所の有無

□菩提寺はあるが、墓地はない。

□菩提寺も墓地もない。

□自分のための墓地を持っている。

□実家にはあるが、今の世帯にはない。

□兄弟（同姓）世帯の墓地がある。

墓地の所在地

住所：

連絡先：

使用権者：

続柄：

墓地の種類

□寺院

□霊園

□地域の共同墓地

□永代供養付きの納骨堂

□その他（　　　　　）

その墓地にすでに埋葬されている人の名前	続柄	没年

現状、誰が管理しているのか

管理者：

連絡先：

埋葬地について

□両親や先祖の眠る墓地に埋葬されたい。
□夫婦だけの墓地がよいと思う。
□夫婦それぞれの実家にある墓地に別々の埋葬でもかまわない。
□個人的に自分だけの墓地がほしい。
□子どもたちも自分の墓地に入ってもらいたい。
□故郷に近縁者がいなくても、そこに埋葬してほしい。
□想い出のある場所があるので、その地域に埋葬してほしい。
　場所（　　　　　　　）
□墓石の意匠やデザインには自分なりの考えをもっている。

合祀墓・永代供養付き納骨堂などについて

□合祀墓や納骨堂で永代供養してもらいたい。
□交通の便のよいところで、気軽に墓参してもらえるところがよい。
□特に檀家にならなくてもよく、宗派を問わない寺院の納骨堂があればそこに入りたい。

散骨について

□遺骨のすべてを自然の中（山、海、森、川など）に散骨するだけでよい。
□大半は散骨してもよいが、一部は墓地に納めてほしい。
□大半は散骨してもよいが、一部は家族に持っていてもらいたい。
□遺骨のすべて散骨しても、メモリアル的な墓碑はほしい。
□遺された者たちの考えに、すべて任せたい。
□その他（　　　　　　　　　　　　　　　　　　　　　）

どんな寺院が菩提寺としてふさわしいか

□住職やお寺の家族の人柄がよいこと。
□人間として尊敬できる住職。
□周りの環境や、境内の庭などがよい。
□格式が高い、由緒ある寺院。
□近所にあること。
□寺院として葬儀以外の宗教活動を盛んに行っている。
□その他（　　　　　　　　　　　　　　　　　　　　　）

Point!

墓地の所有者・管理者・使用権者の区別とその意味

所有者：墓地の土地などを所有している地権者・地主、寺院ならば住職。
管理者：墓地の所有者からその管理を任されている団体・企業。
使用権者：その墓地の使用権を持っている人（親・兄弟・自分自身）
通常、埋葬や納骨に関しては、所有者と使用権者の両方が必要です。ただし、霊園などでは、管理規定により管理者の許可も必要となります。

墓地の種類について

公営墓地：市町村が公的に運営している墓地です。市営霊園などがある（申し込み条件に注意）。
民営墓地：宗教法人や公益法人の委託を受けて民間会社が運営しているもの（経営・運営会社に注意）。
寺院墓地：寺院の境内などで、寺が直接運営しているもの（宗旨・宗派、檀家条件に注意）。

墓地の形状

家墓：通常の和型・洋型で、○○家の墓として建立されているもの。
合祀墓：ひとつの慰霊碑に不特定多数の遺骨を合葬しているもの。
納骨堂：埋葬ではなく、主に屋内などに収蔵されている墓所。

13. お彼岸・お盆・年忌法要

その後の供養について

供養の希望

□年忌法要は欠かさず行ってもらいたい。

□お彼岸やお盆などの季節にかかわらず。年１回はお墓参りをしてほしい。

□遺された人にすべて任せる。

私の供養を継続的にしてもらいたいと思っている人

祭祀継承者の委託希望	氏名	続柄・関係

お彼岸について

彼岸とは、インドのサンスクリット語「パーラミター」の訳で、此岸《しがん》（この世）から彼岸（あの世）へ到る「到彼岸」を意味します。春の彼岸は、春分の日に中日にして、秋の彼岸は秋分の日の中日にして、前後３日間、合計７日間の期間をいいます。

お盆について

正式には「盂蘭盆会《うらぼんえ》」といいます。この言葉も、逆さ吊りの苦しみを意味するサンスクリット語「ウランバナ」に由来します。逆さ吊りの苦しみを受けている霊を慰めるための供養をするのが、お盆のはじまりです。

一般に、お盆には成仏した先祖の霊を含めてすべての霊が帰ってくると考えられています。お盆は、年に一度、その家のすべての先祖を迎える行事といえます。お盆の行事として。今でも盆踊りや精霊流し、大文字焼きなどが各地で行われています。お彼岸とお盆には墓参りして、花を手向け、線香をあげて、先祖供養をしたいものです。

年忌法要について

年忌法要は魂の成仏を願う追善供養です。人が亡くなったとき、その魂は赤ん坊です。

それを「初七日」から「三十三回忌」までの間、魂が成仏するまで仏様が守ってくれると考えられています。

「十三仏」といわれる仏様によって死者の魂は守られます。

①初七日	不動明王
②二七日	釈迦如来
③三七日	文殊菩薩
④四七日	普賢菩薩
⑤五七日	地蔵菩薩
⑥六七日	弥勒菩薩
⑦七七日	薬師如来
⑧百ヵ日	観音菩薩
⑨一周忌	勢至菩薩
⑩三回忌	阿弥陀如来
⑪七回忌	阿閦《あしゅく》如来
⑫十三回忌	大日如来
⑬三十三回忌	虚空蔵《こくぞう》菩薩

遺された者は、祥月命日にこの13の仏様を拝礼し、死者の成仏を願います。「三十三回忌」の法要で年忌止めとなり、死者の魂は成仏した（仏様になった）とされます。お墓に納めた遺骨も土に還してあげます。

被相続人の死亡後に必要な手続きのチェックリスト

遺された家族は、大切な人が亡くなった後に行わなければいけない手続きがあります。年金や保険関係といった手続きの中には、比較的早めに済ませておかなければ、支障の生じるものがあります。手続き自体はわかりやすい場合が多いので、一覧表にしておきます。

チェック	項目	窓口	備考
	死亡届	死亡地、本籍地、住所地のいずれかの市区町村	死亡した日から7日以内、国外死亡はその事実を知った日から3か月以内。死亡診断書が必要。死亡届と同時に死体火葬許可申請を行います。
	生命保険の受け取り	生命保険会社	勤務先で加入している保険があればその書類や住宅ローンがあればその書類を整えておきます。
	国民年金の受け取りのための裁定請求	住所地の市区町村の国民年金課、社会保険事務所	死亡者、受取人により遺族給付が変わります。
	遺族補償金の受け取り	所轄労働基準監督署	労災保険から出る年金。業務上の傷病による死亡の場合、遺族の人数で給付額が変わります。
	死亡一時金の受け取り	住所地の市区町村の国民年金課	一時金として受け取る場合。
	埋葬料または葬祭料の受け取り（社会保険・国民健康保険）	会社の総務課、保険事務所（社会保険）、市区町村の保険年金課（国民健康保険）	公的補助金のほか、各団体や会で弔慰金の取り決めのある場合があります。
	医療費控除による税金の還付手続き	所轄の税務署	医療費が10万円以上の場合、確定申告により控除の対象になります。
	雇用保険の資格喪失届	会社、職業安定所	失業保険受給中の場合は、遺族に手当てがあります（未支給失業給付請求書）。
	死亡者の所得税の確定申告	所轄の税務署	会社で源泉徴収している場合は、原則として必要はありません。故人が確定申告をしていた場合は、相続人が4か月以内に申告します。
	埋葬許可書（火葬許可証）	市区町村役場	納骨のとき、寺院または墓地管理事務所へ提出します。

	遺産分割協議書の作成		不動産、銀行預金など、いろいろな財産相続手続きに必要。印鑑証明などの必要部数を準備します。
	扶養控除異動申告	会社	年末調整や会社の家族手当の支給と関係します。
	非課税貯蓄の死亡申告	銀行、証券会社、郵便局など	預貯金などを相続した人が、あらためて課税扱い、非課税扱いの申告をします。
	所得権移転登記・登録	法務局、陸運事務所など	相続財産のうち登記・登録の必要なものを確認しましょう。
	相続税の申告	所轄の税務署	税務署に記入方法など、詳しい説明書があります。
	借地・借家の契約	家主・地主	特別な手続きは要しませんが、あいさつだけはしておきましょう。
	株式・社債・国債の名義変更	証券会社など	無記名債権でも所有者の名義が関係している場合があります。
	貸付金・借入金の権利移転、債務継承通知手続き	貸付、借入先	相続と関係します。多額の借金を残して死亡した場合は、相続放棄や遺産範囲内に限定して相続することもできます。このような場合は、家庭裁判所に3か月以内に手続きをします。
	銀行預金・郵便貯金の引き出しと相続手続き	銀行 郵便局	銀行・郵便局が死亡の事実を知った場合、相続手続き完了までの支払いを停止します。
	自動車税の納税義務消滅の申告	都道府県税事務所	新しい所有者に納税義務が移ります。
	NHK・電気・ガス・水道などの銀行引き落としの口座変更	銀行	印鑑、通帳が必要です。
	運転免許証の返却	公安委員会	更新手続きをしなければ自然消滅となりますが、返却するほうがよいでしょう。
	電話加入権の継承届け	電話局	電話帳の名前変更も行います。
	バッジ・身分証明書・無料バス証などの返却	勤務先、学校、市区町村福祉事務所	勤務先の身分証明書やバッジのほか、重要な書類は返却します。
	特許・商標意匠権の相続手続き	特許庁	相続手続きを行います。
	取締役の退社変更手続き	会社、法務局	取締役死亡による退任などの申請を2週間以内に行います。
	ゴルフ会員権の名義変更	所属ゴルフ場	名義書換料や会員条件のある場合もあります。
	クレジットカードの失効手続き	クレジット会社	未払金の精算も行います。

必要書類一覧

手続きに必要な書類は、市区町村や金融期間によって多少異なります。

	手続き	申請期限	印鑑	印鑑証明書	住民票	戸籍謄本	戸籍抄本	除籍謄本	除籍抄本	死亡診断書	死亡者の年金手帳（証書）	保険証書	その他
国民年金	貴族基礎年金	5年以内	○		世帯全員の写し○	○				○	○		所得証明書（受給者）、振り込みを受ける金融機関名と口座番号
	寡婦年金	5年以内	○		世帯全員の写し○	○					○		
	死亡一時金	2年以内	○		世帯全員の写し○	○					○		
厚生年金	遺族厚生年金	5年以内	○		世帯全員の写し○	○				○	○		所得証明書（受給者）
共済年金	遺族共済年金	5年以内	○		世帯全員の写し○	○				○	○		所得証明書（受給者）
国民健康保険	葬祭料	2年以内	○									○	死亡を証明する書類
健康保険（社会保険）	埋葬料	2年以内	○									○	事業主の証明
	家族埋葬料	2年以内	○									○	事業主の証明または死亡を証明する書類
労災保険	葬祭料	2年以内	○		○	○				○			
	遺族補償年金	5年以内	○		○	○				○			
生命保険	保険金	3年以内	○	保険金受取人○			保険金受取人○		被保険者○	○		○	最終の支払い保険の領収証
簡易保険	保険金	5年以内	○			○			○	○		○	領収証
銀行預金	名義変更		○	相続人全員○		○		○					依頼書、遺産分割協議書、預貯金証書

不動産	名義変更		○	相続人全員○	○	○		○					所有権移転（保存）登記申請書、除住民票（被相続人）、固定資産課税台帳登録証明書、遺産分割協議書株券（株式）社債・国債
株券（株式）社債・個債	名義変更		○										名義書換請求書
自動車	名義変更		○	○	○	○		○					移転登録申請書、自動車検査証、自動車検査記入申請書、遺産分割協議書
電話	名義変更		○		○	除籍者を含む○							電話加入権承継届
電気・ガス・水道	名義変更		○										
借地・借家	名義変更		○										特別の手続きを要しない
死亡者の所得確定申告		4か月以内	○										
相続税の申告		10か月以内	○	○		相続人○							被相続人の履歴書、遺産分割協議書の写し、固定資産評価証明書、遺言書（ある場合）の写し、預貯金などの残高証明書
医療費控除の税金の還付手続き		5年以内	○	○									その年の源泉徴収書・支出を証明する領収書
生命保険付き住宅ローン	保険金		○						○	○			
会社役員の死亡	役員の変更登記	2週間以内	○	新代表者○					○				取締役会議事録、株主総会議事録、社員総会議事録
営業許可申請	営業継承または免許申請		○										風俗営業、旅行業、酒類販売、貸金、飲食店、旅館、環境衛生、食品製造、薬局、運送、建設業など

第3章

お葬式の現状と変化を理解する

ほんとうに、「お葬式はいらない」のか？

「お葬式」のもつ宗教性や習俗性はうすれ、それに付随する部分が、いかに派手か高額かということが、お葬式自体の価値になってしまいました。その意味で、お葬式は結婚式とよく似ています。

よくも悪くも「お葬式はいらない」という言葉は、今日の葬送をめぐるあり方に一石を投じたのです。

世界に類のないほど日本の葬儀費用は高い

2010年に、『葬式は、要らない』（島田裕巳著、幻冬舎新書）が刊行され、インパクトのあるタイトルで話題となりました。

その後、「葬式はいらない」へのアンサー本が続々とでるなど、それ以降、中高年層が死後を準備する終活《しゅうかつ》ブームなるものが訪れました。

その著書では、「日本人の葬儀費用は平均231万円。これはイギリスの12万円、韓国の37万円と比較して格段に高い。浪費の国アメリカでさえ44万円だ。実際、欧米の映画等で見る葬式はシンプルで、金をかけているように見えない。対して我が国といえば巨大な祭壇、生花そして高額の戒名だが、いつからかくも豪華になったのか。どんな意味があるのか……」と謳いました。

筆者は宗教学者の立場から「葬儀とカネ」の問題を言及したわけです。

お葬式は簡素に、戒名は必要ない？

読売新聞社が実施した「冠婚葬祭に関する全国世論調査」（２０１２年２～３月実施）において、お葬式に関する興味深い結果が出ていますので、あわせて一部紹介します（66～67ページ）。

冠婚葬祭の儀式・行事のあり方について、「葬儀は慣習やしきたりにこだわらなくてよい」と思う人の割合は58％と半数を上回り、「葬式は簡素に行うほうがよい」と回答したのは92％に及びます。

また、自分のお葬式を仏教式で行う場合、「戒名（法名）は必要ない」と答えた人は56％です。これを年代別でみると、40歳代の63％が最多となり、20～60歳代の各年代で多数を占めています。しかし、70歳以上だけは54％が「戒名は必要だ」と答え、過半数を超えています。

通夜や告別式を行わず火葬のみの「直葬は特に問題ない」と答えた人は72％、「散骨や樹木葬も特に問題はない」というのは82％も占めています。一方で、先祖のお墓を守ることが「子孫の義務」と思う人は79％に及んでいます。

このような結果をみると、葬儀をめぐる人びとの意識は多様化しながらも、慣習やしきたりが根強く残っている点や、意識のねじれも世代層によって異なることがわかります。

これまでお葬式やその後の供養に関して、いわゆる「形」（白木祭壇やお墓のデザイン、またその「家」による承継等々の慣例）の形骸化が著しく、多くの人が「支払の価値」を喪失したといえます。

これに加えて、今では「暗黙の了解」といった「意識の形骸化」もはじまり、特に「誰が私のお葬式をしてくれるのか？」という祭祀主宰についても、単純に「子どもが」とはいえなくなりました。

なぜなら、多くの人は「子どもに迷惑をかけたくない」と思っているからです。実は、これも大きな葛藤回避の言い訳のようです。

冠婚葬祭に関する全国世論調査

Q１　葬式のあり方について、あなたは、なるべく慣習やしきたりに従った方がよいと思いますか、慣習やしきたりにこだわらなくてよいと思いますか。
①慣習やしきたりに従った方がよい　41%
②こだわらなくてよい　58%
③答えない　1%

Q２　葬式を行う場合、あなたは、全体として、なるべく簡素に行う方がよいと思いますか、なるべく盛大に行う方がよいと思いますか。
①なるべく簡素に行う　92%
②なるべく盛大に行う　8%
③答えない　1%

Q３　あなたは、仮に、自分の葬式を行うとしたら、どのような人に参列してほしいと思いますか。1つだけ選んで下さい。
①家族だけ　16%
②家族と親戚　14%
③家族、親戚、親しい友人・知人　35%
④家族、親戚、親しい友人・知人、仕事の関係者、近所・地域の人など　15%
⑤その他　1%
⑥とくに希望はないので家族に任せる　13%
⑦葬式は行わなくてよい　5%
⑧答えない　0%

Q４　あなたは、仮に、自分の葬式を仏教式で行うとしたら、戒名（法名、法号）は、必要だと思いますか、必要ないと思いますか。
①必要だ　43%
②必要ない　56%
③答えない　1%

Q５　あなたは、自分の葬式は、宗教色のない葬式にしてほしいと思いますか、そうは思いませんか。
①そう思う　48%
②そうは思わない　50%
③答えない　1%

Q６　最近、通夜や告別式を行わずに、火葬だけをする「直葬」という方法が行われています。あなたは、こうしたやり方をどう思いますか。
①とくに問題はない　72%
②問題だ　26%
③答えない　2%

Ｑ７　あなたは、亡くなったときにお墓に入るとしたら、だれと一緒にお墓に入りたいと思いますか。しきたりや慣習などを気にせずに決められるとして、いくつでも選んでください。

①配偶者（夫・妻）70%
②実の親　41%
③配偶者の親　6%
④先祖　28%
⑤子ども・孫　39%
⑥気の合う友人　1%
⑦ペット　6%
⑧その他の人　2%
⑨1人だけで入りたい　3%
⑩お墓に入りたくない　4%
⑪答えない　1%

Ｑ８　先祖のお墓を守ることは、子孫の義務だと思いますか、そうは思いませんか。

①そう思う　79%
②そうは思わない　20%
③答えない　1%

Ｑ９　あなたは、将来、自分が入るお墓の世話や供養をしてくれる人がいなくなるという不安を感じていますか、感じていませんか。

①感じている　34%
②感じていない　65%
③答えない　1%

Q10　亡くなった人を葬る方法として、遺骨を灰にしてまく「散骨」や、樹木の下に埋葬する「樹木葬」など、新しい方法が行われています。あなたは、こうしたやり方をどう思いますか。

①とくに問題はない　82%
②問題だ　18%
③答えない　1%

※　読売新聞社による「冠婚葬祭に関する全国世論調査」のうち、葬儀に関することを抜粋。対象者：全国有権者3000人（250地点、層化二段無作為抽出法）／方法：郵送自記式、2012年2月1日～3月13日／有効回答：2195人（回答率73%）／選択肢の右の数字は%、小数点以下四捨五入。0は0.5%未満

多様な価値観のなかで、二極化するお葬式のスタイル

日本経済の低迷が長引くなか、核家族化、超高齢化、少子化、非婚化、価値観の変化、仏式葬儀離れなどで、お葬式のあり方は大きな過渡期を迎えています。

地域共同体としてのつながりも希薄となり、隣近所の人が総出でお葬式を手伝うといったかたちが影を潜め、企業としての葬儀社がそのサービス全体を提供するのが普通になりました。

景気のいい時代では、「世間体」をつくろうこと、「とどこおりなく」進めることが最優先され、これに大きな経費をかけても仕方がないという考え方をしてきました。

しかし、お葬式にかかる金額が大きいだけに、その価値や意義をきちんと見いだしていかなければなりません。

「低価格・簡略派」と「価値の転換・個性派」に分かれる

前述のアンケート（66ページ）からもわかるように、現在は「家族に負担をかけたくない」、富裕所得層でも「お金をかけたくない」と、実際に葬儀費用を切り詰める人が増えています。もちろん高齢世帯において、年金だけの家計の中では葬儀代も工面できないという不安をかかえる人も多くいます。

こうした状況下で、火葬のみの「直葬《ちょくそう》」を希望する人が増えています。

お葬式の「低価格・簡略派」が増える一方で、葬

個人が好きだった曲が奏でられる音楽葬

儀社が提供するパックプランに満足できずに自分（故人）らしいお葬式を希望する「価値の転換・個性派」も増えています。

たとえば、故人の趣味嗜好を演出する「音楽葬」や「ワイン葬」、親しい人をホテルに招いて料理や返礼品などにこだわる「ホテル葬」などです。

多くは、施行場所や手法、目的などを冠に「〇〇葬」と呼んでいます。あるいは、告別式を「お別れ会」や「メモリアル・パーティー」などと呼んでいます。

人生最期のセレモニーを演出するために、生前に予約・契約する人も徐々に増えています。各葬儀社では、そのための見学会や説明会を積極的に実施しています。

近親者や親しい人で見送る「家族葬」が人気となる

お葬式が二極化するなかで、急激に支持されているのが「家族葬」と呼ばれるものです。これは、近親者やごく親しい間柄の人のみで見送る小規模・省経費型のお葬式の総称です。

慣例的なことや費用はかけたくない

本来、近親者のみで営まれる葬儀は「密葬」といいました。たとえば、経営者や有名人が逝去した場合には、葬儀準備に時間がかかるため死亡直後は近親者のみで火葬を済ませ、あらためて「本葬」を施行することがあります。

また、年末年始に亡くなった場合は、ひとまず近親者で火葬だけを済ませることもあります。近ごろは、本葬を施行しないで密葬だけで終わりにすることが少なくありません。

純然たる密葬は、後日の本葬を前提としていますが、内々の小規模なお葬式だけで済ませたい要望もあらためて「家族葬」というネーミングで普及するようになり、今では多くの方が希望しています。

〝家族〟という言葉のイメージが時代にマッチしたのでしょう。また、支払いを抑える言い訳としても有効な言葉づかいです。

その家族葬の定義は、「家族の考え方を中心にした、これまでの慣例に頼らないお葬式」ということもできます。そのため決まった形式があるわけではありません。しかし、家族葬というからには、家族が故人とのお別れの時間を大切にできるものが望ましいでしょう。

葬儀費用は、規模や内容、会葬者数によって違いますが、家族葬を20万円台で執り行うことも可能です。「特別なことはしたくない」「費用はかけたくない」という気持ちはわからなくもありません。

各葬儀社が、さまざまな「家族葬プラン」を提示しています。また、お葬式に関する事前相談や見学会を開催しています。

家族葬を希望する場合は、積極的に参加するのがよいでしょう。

家族葬の見積書例（10名）

商品の名称	ラステル葬	ご追加・ご変更	
	〈家族葬〉	内容	金額
ご搬送	31,500	km（超過分）	距離により追加
吸水シーツ	5,250		
ご安置	12,600	96時間	37,800
ご面会	0		
枕経（ご希望に応じて）	0		
お化粧とご納棺	52,500		
お棺、布団、仏衣一式	94,500	標準（木棺）	
ドライアイス	7,350	追加１日分	7,350
送り花	8,400		
出棺（霊柩車）	33,600	久保山斎場	
火葬料	12,000		
お骨壷（収骨容器）	15,750	名称 標準（白）	
セレモ・アテンダント	41,550		
式場使用料	73,500		
遺影写真（四つ切）	42,000	電照額 有・無	
生花祭壇	105,000	プラン10	
式場備品	21,000		
葬儀施行管理 司会進行	42,000		
基本料金計	598,500	ご追加 ご変更 計	45,150
お見積合計	643,650		

＊提供：ラステル®新横浜

「直葬」は、火葬のみで済ませる最少限のお葬式

一時、話題となったのが「直葬」です。「直接火葬」の略で、逝去した後、葬儀・告別式を行わずに火葬のみをすることです。一般に「ちょくそう」と読みますが、仏教界では「じきそう」と読まれています。

また、火葬のみの葬儀であるという意味から、「火葬」「火葬式」と呼ばれることもあります。

直葬の費用は17〜20万円程度

直葬は、本来病院から直接火葬場へ移送され、時間をみて荼毘に付されることですが、一般的には、次のような手順で行われています。

たとえば、病院で逝去した場合、いったん遺体を自宅や葬儀社ホール、最近では専用の遺体の安置保管施設に搬送します。少なくとも死亡時間から24時間以上たたないと荼毘には付せません。これは法律で禁止されているからです。

そうして納棺を踏まえて、翌日や翌々日、霊柩車に乗せ、火葬場で荼毘に付します。火葬後、収骨（お骨あげ）をして終了。あっけないですね。

そのために、直葬とはいっても花を手向けたり、火葬場で僧侶に読経をしてもらったりするケースもあります。

もともと直葬は、身元不明者の公的助葬や生活保護世帯での葬祭扶助で福祉的な意味合いがありまし

たが、この4～5年の間に最も簡略なお葬式のスタイルとして希望する人が増えてきました。

費用は、遺体の搬送と火葬のみなので、17～20万円程度で収めることが可能です。ですから生活保護受給者の葬祭扶助費は、この範囲で支出されます。

特に都市部においては、読経も祭壇も会葬者もいらないので「火葬のみにしてほしい」という人が増えており、今ではお葬式全体の約30％が直葬に近いといわれています。

直葬は粗雑で安易という批判もある

直葬は、少数の人による遺体への対応という実務がなされるだけで、あまりにも社会的な配慮に欠けるという批判もあります。そこで、葬儀社各社は「直葬」というネーミングだけに呼応して、その内容をもう少し手厚いものにしていこうとしています。これらは、いわばシンプルな葬儀というイメージで、各社、特徴をだしてアピールしています。

たとえば、告別式（お別れ）を近親者のみで行い、その後で火葬をします。また、告別式を行わず面会というかたちで、近親者がそれぞれお別れをするかたちもあります。専用の遺体安置所を設け、近親者のみで告別式を行ってから火葬することができる葬儀社も登場しています。

これらは家族葬とも似ていますが、通夜は行わず、僧侶の読経と近親者の告別式のみを行うという点が異なります。いろいろ略式化したお葬式が、良質な葬儀各社から提案される時代になりました。

一方で、費用を売り物にした粗雑で安易な対応をする葬儀社もあります。十分な注意が必要です。

直葬の流れ

遺体の搬送・安置する

⇩

火葬日まで葬儀社が管理する

⇩

火葬当日に遺族が火葬場に集合して火葬する

⇩

費用は17～20万円程度

「家族葬」にも「直葬」にも落とし穴がある

葬儀を家族葬や直葬で済ませた場合、それゆえのトラブルも増えています。ここでは、実際にあった例をあげてみましょう。

事例①　遺族が良心の呵責を感じる

特に直葬の場合、ひと段落してから「あれで本当によかったのだろうか」と、遺族が後ろめたさを感じ、後悔の念にさいなまれるケースがあります。また、「お坊さんにお経くらいあげてもらうべきだった」と、不安をかかえて相談に訪れる人もいます。

直葬を安易に考えてはいけないでしょう。後ろめたい気持ちになるのは、故人を手厚く見送ったという実感が伴わなく、精神的な整理がなかなかつかないことにあります。

儀礼を伴うことなく、単に遺体を始末するような感覚なら、お葬式は「簡略」になったのではなく、「粗雑」になったとしかいいようがありません。

直葬は、お葬式の選択技のひとつではありますが、葬儀の意味や価値を踏まえたうえで対処し、その結果の一部として経費の削減がはかれたなら、後悔は伴わないと思います。

事例②　人間関係がこじれるおそれもある

たとえ故人の遺志を尊重して「家族葬」を行ったとしても、逝去したことを知った親族や故人の友人などから「なぜ、そのときに知らせてくれなかった」と責められたり、あるいは「病床のお見舞いにも行けず、最後くらい何かしてあげたかったのに、お葬式でお線香をあげることもできなかった」と不満をぶつけられたりすることもあります。そのために後日、これまでの対人関係がこじれてしまうおそれもあります。

また、後になってから「せめて、お焼香だけでもさせてください」と自宅に弔問客が相次いだり、お供えが送られてきたりするケースがあります。いつになっても遺族は落ち着かず、香典返しなどの手間もかかるものです。

家族が亡くなったときは、少なくとも親族には知らせるのが常識です。お葬式に来る、来ないといった判断はその人に委ねるとして、訃報は知らせるべきです。家族葬を執り行うというのであれば、事前に周囲の理解を得ておく必要があるでしょう。

事例③　先祖代々のお墓に入れない!?

故郷に菩提寺があり、境内にお墓がある場合は、その宗教・宗派によってお葬式を行うのが原則です。葬儀社から紹介された僧侶に読経してもらったりすると、菩提寺の住職から露骨に苦言を呈され、葬儀のやり直しを求められることや、納骨を拒否されることもあります。また、菩提寺ともめて檀家をやめようとしたら、法外な墓石撤去費用を請求された、などのトラブルもあります。事前に菩提寺に相談するのが賢明です。

個人の社会的尊厳は無視できない

お葬式は、遺族と故人をとりまく人間関係や地域社会に訃報を知らせるという、死の公《おおやけ》性が伴うものです。会葬者の立場にすれば、故人にこの世でのお別れを告げ、何か弔意をこめた言葉や花を手向け、遺族にはお悔やみの言葉を伝えたいという心情や、会葬して自分自身と故人との決別を意識したいという思いもあります。

一方、遺族の立場は、あらためて故人と社会との関係性を追認する場がお葬式でもあります。施行の責務を果たした充足感は、ときには悲しみを超えての癒しになることでしょう。

お葬式の社会的な配慮を安易に省くのは、見方によれば、故人の社会的尊厳を無視し、故人が築き上げたいろいろな人間関係を崩壊させるという、遺された者としてはたいへん僭越《せんえつ》な行為ともいえるでしょう。

お葬式を簡素化させたいのであれば、たんに形骸化している諸要素を安易に無駄《むだ》と切り捨てるのではなく、形骸化されたものでも延々と承継されてきた精神性の価値をどこかに見いだそうとする感性が必要です。

遺された者は、先人の死の経験を次世代によき継承として受け継いでいく使命があります。お葬式を考えることやその実施にかかわることはその世代継承の最大の機会だといえます。同時に、それは〝命の尊厳〟を見つめる機会でもあります。

喪主の役割を果たすことが、いかに次世代の心の豊かさに関与していくことになるのかを踏まえて、ほんとうの意味での簡潔な、簡素な対応や進行が工夫されるとよいと思います。

最少限必要な今どきのお葬式の値段

ここでは、お葬式にかかる費用を検証していきます。葬儀費用は、規模や内容、会葬者数によって大きく異なります。

ただし、誰もが最少限行わなければならない儀礼があります。それが、次の3つの「遺体への手立て」です。

①遺体を棺に納める「納棺儀礼」
②霊柩車で搬送する「出棺儀礼」
③茶毘《だび》に付す「火葬儀礼」

これらは葬儀社に依頼することとなりますが、花束を用意してもらっても、20万円以下で収めることができるでしょう。これが表面的には「直葬」にあてはまります。

葬儀費用の全国平均は、約200万円

日本消費者協会のアンケート調査（79ページ）では、葬儀費用の全国平均金額は、2007年は約231・0万円、2010年は199・9万円でした。3年間で約30万円の減少がみられます。

この結果、家族葬・直葬といった小規模・省経費型のお葬式に移行していることがわかります。高齢者の単身者世帯、年金生活者など、これまでつつがなく人生を過ごした先に、きわめて大きな支出の不

安がなげかけられているわけです。

葬儀費用の内訳を見ると、支払い先は次のようになります。

A. 飲食接待への支払い（料理店・仕出し店・酒店など）

B. 寺院への支払い（お布施＝読経・戒名など）

C. 葬儀一式費用

葬儀社への支払い

葬儀費用でもっとも金額が大きいのが、葬儀社への支払い（葬儀一式費用）となる平均約126・6万円です。内訳は、病院からの搬送・安置・飾り付け・会場祭壇設営・会葬礼状・霊柩車・ハイヤー・火葬費用・斎場使用料といった費用です。これは工夫次第で費用を抑えられます。

一例をあげると、会場に飾る祭壇を親族や関係者からの供花で作る「花祭壇芳名板方式」にすることで、会場祭壇設営のコストダウンがはかれます。

たとえば、30万円の花祭壇を設営する場合、20基分（生花1基の平均単価は1万5000円）の供花が集まれば、遺族の負担額は0円、30基分が集まれば差額で生じた15万円をほかの葬儀費用に使うことができます（79ページ）。花を手向ける側の気持ちを大切にしながら、遺族の金銭的負担も軽減されます。

寺院への支払い

寺院へは直接僧侶に支払いますが、ほかの支払いに関しては、多くの場合は葬儀社が集金を代行します。葬儀一式費用に何が含まれているかを十分把握しておく必要があります。これ以外に、火葬場や霊柩車の運転手への「不祝儀（心づけ）」などの立替金も含まれますが、できれば預り証や領収書をもらうことがよいでしょう。

葬儀社に支払う費用と同様、僧侶の「お布施」についても、いまだに不明瞭なことが多いと思います。一般に、僧侶への謝礼や寺院への寄進が「お布施」という名目に含まれています。

葬儀費用の変化

2010年　（円）

	A 通夜からの飲食接待費	B 寺院への費用（お経料・戒名料・お布施）	C 葬儀一式費用	D 葬儀の総費用
最低	15,000	10,000	100,000	200,000
最高	4,500,000	1,888,016	5,000,000	8,100,000
平均	454,716	514,456	1,266,593	1,998,861

2007年　（円）

	A 通夜からの飲食接待費	B 寺院への費用（お経料・戒名料・お布施）	C 葬儀一式費用	D 葬儀の総費用
最低	20,000	20,000	100,000	200,000
最高	2,626,368	2,500,000	4,500,000	10,000,000
平均	410,000	549,000	1,423,000	2,310,000

※ C：葬儀一式費用　病院からの搬送費・安置・飾り付け・会場祭壇設営・会葬礼状・霊柩車・ハイヤー・火葬費用・斎場使用料
D：総費用のみの回答者もいるためA、B、Cの合計と総費用は一致しません。
資料：日本消費者協会発行『月刊消費者』より

「花祭壇芳名板方式」は、遺族の金銭的負担を軽くする

30万円の花祭壇を設営する場合の一例

10基分の供花が
集まったら
⇩
1万5000円
（生花1基の平均単価）
×
10基=15万円
⇩
遺族負担は
差額の **15万円**で済む

20基分の供花が
集まったら
⇩
1万5000円
（生花1基の平均単価）
×
20基=30万円
⇩
遺族負担は
0円になる

30基分の供花が
集まったら
⇩
1万5000円
（生花1基の平均単価）
×
30基=45万円
⇩
遺族負担は
0円&差額分の **15万円**を
他の支出に回せる！

次に、お布施の内訳を説明しましょう。

①「読経」に対するお礼

・枕経・通夜・葬儀・火葬場での炉前・当日の初七日法要など。

・僧侶の人数により異なる。

②「戒名」に対する寄進

・院号や位号（居士・信士など）により異なる。

・格式により僧侶の人数が連動することもある。

③実務的な交通経費「お車代」

・一般に僧侶の人数分をそれぞれに渡す。

・通常は５０００円から１万円を１名１回分として目安にしているケースもある。

例・通夜１名（住職のみ）

お車代５０００円

告別式２名（住職と脇僧）

お車代５０００円×２

なお、お車代には、こちらの自家用車で送迎しても包むことがあります。また、遠隔地から来る場合はこのかぎりではありません。

仏教会では、これらの具体的な金額などについて、あまり触れたくはないようです。かねてから、前記の①②に対しては、本来は料金的なものではないということを強調しています。そこで、読経料と戒名料をまとめて「お布施」と呼んでいるのです。しかし、お布施の考え方は、寺院や僧侶によって異なります。

飲食接待への支払い

通夜からの飲食接待費は平均45・5万円の支払いがなされています。

葬儀以外の「飲食接待」に、これだけの経費がかかることが明確になると、「はたして、こんなサービスは必要だろうか」という疑問が生まれてきます。

葬儀社が執り行う「葬儀」と「告別式」がセットになったお葬式が提供されたことで、いつの間にか葬儀の意味や価値が相対的に喪失すると同時に、通夜・告別式にかかる飲食接待費が肥大化していたのが現実だったのです。

告別式ではなくメモリアルパーティー

近親者のみで家族葬・直葬を行い、対外的に通夜・告別式ができなかった親族や故人の友人に向け、後日「お別れ会」の場を設ける人が増えています。また、生前に自ら演出した「感謝の集い」を開く人もいます。

お世話になった人をもてなせるラストチャンス

告別式は、故人が築いた人間関係や地域社会を対象にした「別れを告げる式典」です。結婚式における披露宴のようなものであるため、実は、告別式を行うかどうか、そのものの是非も自由です。

しかし、故人がお世話になった人をもてなせるラストチャンスでもあるのです。

そうであれば、告別式は葬儀社に任せるのではなく、当事者で決めたいものです。告別式は、葬儀と違い、場所も形式も施行日も自由に選べて、宗教にとらわれる必要がないため、自分らしい演出をすることが可能です。

献体を終えた後に開かれた「偲ぶ会」

たとえば、献体を希望したとします。その場合、遺体はすぐに大学病院などに提供されることになります。その場合は、お葬式はしなくてもよいものかどうかです。遺体はないわけですから、遺体に関する儀礼にはかかわれません。しかし、故人の魂に対する見送りは家族だけでもできます。

また、故人の死を告知するためや、その意志を踏まえた意味での告別式を行うことができます。この場合、献体を終えて2～3年後に遺骨となって帰ってきたときに、あらためて「偲ぶ会」などの名目で行ってもよいわけです。

実際、献体された方の遺族で、後日、レストランのビュッフェスタイルの宴会プランを利用して、メモリアルパーティーを開いた例もあります。思い出の写真や数々のDVD映像を見ながら和やかな会食だったといいます。

生前に開いた告別式「感謝の集い」

また、生前に告別式だけを済ませた例もあります。その理由をあいさつの際に、次のように説明しました。

「今は元気だが、自分は高齢でもあり、持病もある。この何年か後に『本当に死んだ』とき、同じ年代の友人に会葬してもらえるかどうか……。だから今、これまでの人生に対して、縁をいただいた方々に、あらためて自ら感謝を述べておきたい」。

告別式の名目は「感謝の集い」としたのです。会場は、海の見える湘南（神奈川県）のホテルでした。自ら下見をして選んだようです。

何年先かわからないけれど、自分が亡くなったときには、葬儀は家族だけで菩提寺で営んで、火葬した後はすぐに埋葬すると決めていました。葬儀直後は誰にも知らせず、訃報は後日通知するということでした。

ホテル業界が提供するメモリアルパーティー

告別式は、別れを告げる式典です。この原点にたちかえり、自分自身の意思にふさわしくないと思えば、葬儀と告別式を別々に執り行って対応したところでなんら問題はありません。むしろ、すっきりした見送りとなるでしょう。

私が提案したいのは、葬儀と告別式を別々に執り行うという「葬儀と告別式の分化」です。葬儀においては、魂のお見送りがきっちり行われたならば、告別式の内容は自分なりの個性をだしてよいのです。むしろ、これからのお葬式はそうあってほしいと考えています。

告別式の例としては、多くはホテルやレストランなどで施行され、食事を楽しみながら故人の思い出に花を咲かせ、お別れをしてもらうのが目的です。費用としては、会場費、飲食費、祭壇・献花の費用、返礼品（記念品）、受付などの人件費などがかかります。

最近では、ホテル業界でも、お別れ会、偲ぶ会、メモリアルパーティー、フューネラルパーティーなどという名目で、さまざま告別式のプランが登場しています。「お1人様8000円」などといったかたちで、会場費と飲食費の1人あたりの料金を設定されていることが多いようです。

ホテルで営まれたメモリアルパーティー。花祭壇は参列者からの事前の供花で制作されたため、費用はかからなかった

永代供養付きの都市型「納骨堂」の人気

お葬式を考えるとき、その後に待っているのが「墓」と「供養」の問題です。墓の形態を決める以前に、自分や配偶者の死後に供養してくれる継承者が誰なのか、考えるべきです。

多くの場合は子どもになるわけですが、お互いに納得できるまで話し合うことが必要です。墓・供養は、親子三代で考えるべき大切なテーマなのです。しかし、菩提寺がない場合やお葬式も宗教的儀礼で営みたくない場合もあります。また、後継者のいない場合は、どうしたらよいのでしょう。

「お墓を守る」という煩わしさがない

新しい墓所形態として、「納骨堂」があります。納骨堂は、遺骨を保管する施設のことです。墓を守るという煩わしさがないなどの理由から利用する人が増えています。

納骨堂の多くは、永代供養を前提としています。永代供養付き納骨堂のメリットは、慣例にかかわらず、いつでも気軽に立ち寄ることができることです。

当初、都市部における納骨堂は、墓地区画スペースの限度から、また、寺院が将来的な檀家獲得のための収蔵施設として、あるいは一時的な遺骨の保管場所として発展してきたものです。

また、区画された土地付きの墓所が高額で入手できない人のために便宜的な受け皿としても考えられてきました。

しかし、現在にいたっては、寺院の伽藍《がらん》そのものの建て直しに際して、本堂施設や多目的ホール（主に斎場ホール）とともに、納骨堂を併せ持つビルを建て、寺院そのものと一体化するところが増えています。入檀を前提とせず、菩提寺と檀家という関係を離脱したところでも運営されています。

運営の主体は寺院にあり、永代供養は住職にゆだねられるものです。供養は、その納骨堂寺院の宗派を中心に行われますが、宗派は問わないところも多いようです。

世帯・個人で占有して納骨ができる「個別納骨式」との区分けがなく多数をまとめて埋葬されるような形態の「合祀・合葬」などがあり費用も異なります。

納骨堂の永代供養は、「永久」という意味ではありません。供養は33年の期限付きです。その後は、「合祀・合葬」というかたちで供養されることになります。33年は習俗的な供養の観点から見ても十分な期間といえるでしょう。

ロッカー式の納骨堂

堂内陵墓式の納骨堂。カード式でいつでもお参りができる全自動カード式など、新しい納骨堂が増えている

市民団体が支援する自然葬とは

新しい墓所の形態として、骨を埋葬しないでどこかに撒《ま》く「自然葬」（散骨葬法）が注目されています。自然葬は「樹木葬」「海洋葬」「宇宙葬」などの名称で行われています。その中でも、樹木葬などの散骨式墓地の関心はきわめて高く、今後はさらに普及されていくと考えられます。

住職が起こしたエコロジー運動「樹木葬」

樹木葬とは、「遺骨を自然に還す」という観念にたちかえり、墓所に外柵や墓石を設けず、遺骨を土中に埋めて樹木を墓標とする葬法です。シンボルツリーをいくつかの区画が共有し、その樹木の下に眠るという集合墓です。

樹木葬は、1999年8月に臨済宗大慈山祥雲寺が、岩手県一関市から墓地としての許可を得て、同年11月から募集をしたのがはじまりです。

里山の維持と散骨を結び付けた樹木葬・樹木葬墓地の構想は、骨壺や墓石を使用せず直に埋骨して低木類を植える、線香や供物類は禁止し、墓参りの際は生花のみを手向けるという、祥雲寺住職千坂玄峰導師のエコロジー運動でした。

日本初の樹木葬第1号となった埋骨者の家族は、長男が樹木葬の計画を早くから知り、故人とは生前から話し合い、了解を得ていたといいます。現地説明会や都内で樹木葬フォーラムが開催されるなど、次第に市民権を獲得していきました。

　年1回の「樹木葬メモリアル」が同寺の樹木葬墓地で開催され、宗派を問わない合同法要が営まれています。住職の読経、牧師によるマタイ伝朗読、そして参加者がそれぞれに祈りを捧げます。

　寺院には、墓地使用料、環境管理費、別途事務管理費などを支払うことになります。現在、祥雲寺別院知勝院によって運営されています。

条例での禁止処置や近隣住民とのトラブル続出

　樹木葬は、山林などそれぞれ自然の中に、粉末にした遺骨を撒くスタイルです。多くは、墓石や特定の区画を有するわけではないので、安価に入手できる埋葬方法かもしれません。漠然とした海よりも、「樹林墓地」と呼ばれるような木々をあしらった合祀合葬墓も人気があるようです。

　東京都小平霊園は、２０１２年に都営では初めて新規造成された樹木葬墓所の募集をしたところ24倍の競争率で抽選が行われました。

　これまでの墓地の高騰やアクセスなどの不備も考慮して、都市型の納骨堂墓所（堂内陵墓）や庭園型合葬墓（寺院境内の無縁墓をイメージ変更したもの）も注目され、生前にこの目で見て求める人たちが増えました。

　「子どもの負担を軽減したい」と考えている親心もありますが、その件については、ただちに子どもと

東京都小平霊園の樹林墓地。希望者が多くたいへんな競争倍率となっている

相談する必要があります。あたり前のことですが、お葬式や供養を行い、受け継いでいくのは次世代なのです。親心と子どもの考え方は、大きく食い違うかもしれません。

同じように自然葬といわれている「散骨」も、きわめてビジネス的で安易な提供がなされていることもあります。条例での禁止処置や近隣住民とのトラブルなどで、その管理や運営に関しても問題となるケースも続出しています。

私たちは言葉のイメージで、追随してしまう傾向が強くあります。自然葬という響きの中には、安上がりに遺骨を捨てているだけのような場所もあります。経費やイメージだけのことに惑わされず、私たちのほんとうの気持ちを冷静に再認識しましょう。次世代に供養の感性を受け継げるような配慮をしてこそ、私たちの「世代責任」ではないかと思います。

お葬式は「通過儀礼」ですが、供養は継続行事として、季節や風土の潤いだけではなく、精神性の豊かさを永年に求めていくものです。心の豊かさという観点から考えていきましょう。

桜の木の下に眠る「桜葬」

「桜の木の下で眠りたい」と、現在ある樹木葬墓地で「桜葬」を行っているのが、NPO法人エンディングセンターです。尊厳ある死と葬送の実現をめざす市民団体のひとつです。

井上治代理事長は、『桜葬　桜の下で眠りたい』（2012年、三省堂）を著述して、市民で立ち上げた桜葬の誕生秘話と全貌を紹介しています。

桜葬は、宗教はいっさい問わず、家族による管理や管理料を必要とせず、墓地を継承したければ継承することもできます。桜が咲く春に、合同祭祀「桜葬メモリアル」を実施しています。

同センターでは、生活者の視点で集めた「死」と「葬送」に関する情報を提供し、市民ネットワークが互いに情報交換をするなど、地域を超えた交流を深めています。

桜葬は、樹木葬の一種ですが、その名称はNPO法人エンディングセンターの登録商標です。

自然崇拝ふたたび

樹木葬は、自然志向という発想においては「散骨」に近いものです。しかし、同じ自然志向の葬法でも、散骨は墓をつくらずに、墓地以外に埋めてはいけないと規定する「墓地、埋葬等に関する法律」の枠外で行っているのに対して、樹木葬は同法上、墓地として都道府県知事の許可を受けた区域に樹木葬という形式の集合墓をつくる点で異なります。

古くより、自然は人びとに生きる恵みをもたらす崇拝の対象であると同時に、死をもたらす恐怖の対象でもありました。地震、雷、台風、干ばつ、冷害といった災いを防ぐため、大きな木や石に注連縄を張って神格性を持たせ、それを祀ることで人びとの安泰を願ったのです。

特定の樹木を神聖視して崇拝する宗教的儀礼を「樹木崇拝」といいますが、広義における自然崇拝・植物崇拝となります。神社仏閣では神木・霊木として、地域では県や市のシンボルツリーとして、郷土の文化遺産として親しまれてきた歴史があります。大樹、老樹、美樹などが、聖樹の対象となっています。

樹木と葬送とのかかわりは、日本にかぎられるものではありません。ヨーロッパでもバラの木の下に骨灰を埋めてプレートを付けて、「追憶の場」とする新しい慰霊形態があります。

自然に囲まれた静かな空間に埋葬される

身内に代わって片付ける「遺品整理」と「生前整理」への提言

故人の遺品を身内に代わって整理する「遺品整理業」の需要が高まるなか、「私が死んだあとの片付けの見積もりを取ってほしい」と、本人が事前に遺品整理や生前整理を依頼する人が増えています。

遺品整理を遺族が行わず、第三者の手にゆだねられる時代を迎えています。

小説や映画にもなった遺品整理業

遺品整理業は、「何でも引き受けます」を売りに運送業を営んでいたキーパーズの吉田太一社長が、見積もりに行った際、途方に暮れていた遺族に代わって、遺品の片付けをしたのがはじまりです。

その後、「遺族が高齢で片付けられない」「誰も片付けに来ない」などといった、故人が住んでいた家主からの依頼が増えてきました。その9割は「孤独死」だったといいます。

吉田社長は、この現実を伝えたいと書きはじめたブログが、『遺品整理屋は見た！』（扶桑社　2006年）という単行本になりました。同名でのテレビドラマ化や、キーパーズ社がモデルとなった『アントキノイノチ』（さだまさし著、幻冬社　2009年）が映画化されるなどで注目を浴びています。

人は誰でも死ぬと必ず何かを残していきます。しかし、自分自身では処分できないのです。

捨てるもの、残すものをみきわめる

一般に、遺品となる日記・手紙・手帳・預金通帳などは、後日必要となることもあるために1、2年程度は保管します。このほか、衣類や家具類、家庭用電気製品類はリサイクル、書籍類は図書館や学校などに寄贈したりします。

しかし、家具や家電ひとつ処分するにも、自治体や家電リサイクル法の細かい規制があり、費用がかかるのが現状です。

また、遺品整理をめぐって、遺品紛失や高額請求など、遺族と業者との間でのトラブルや、ごみ処理費用の節約のため不法投棄する業者も取りざたされています。国のガイドラインがないなか、安心して依頼してもらおうと、「遺品整理士」などの自主認定をしているところもあります。

生前から「捨てるもの、残すもの」のみきわめをしておかねばなりません。エンディングノートと同じように、生前から身のまわりの点検をしておくことは、なにより大切です。「遺品」となる前の整理こそ、ほんとうは「今」考えておきたいものです。

実務的には、リサイクルや引き取り破棄を依頼することですから、現地まで見積もりに来てくれる業者を2社以上選び、相見積もりを取ります。後になって「言った」「言わない」といった事態にならないように、2人以上で立ち合うのが賢明です。また、その際、きちんと自治体の廃棄物の収集・運搬許可を得ているかを確認しましょう。

生前・遺品整理の主な流れ

見積もり

⇩

残すもの、捨てるものの選別・運び出し

⇩

搬出後、あらためて点検や清掃する

⇩

死去後、遺品ならば形見分け

⇩

不要品を仕分、処分する

「形見分《かたみわ》け」という習慣

古くから故人の愛用品を「形見分け」として、近親者や親しかった人に贈る習わしがありました。

本来、形見分けは、副葬品（棺に入れて故人に持たせる）以外の遺品で、そのものの価値にかかわらず、子どもや関係者が故人を偲ぶための品物として渡していました。

最近は昔と違い、誰もが簡単に写真でも映像でもデータとして記録することができるため、あえて形見分けなどということをしなくなりました。いただいても困るというケースもあります。

逆に形見分けしてもらいたいものがあれば、事前に申し出ておくくらいの生前のコミュニケーションがあれば、ほんとうの意味で安心です。モノにあふれた中で生活をしていることで、現代社会ではその多くは、見た目には「ごみ」となります。

自身で残す価値のあるものは、やはりそれなりに渡し先を講じておかなければなりません。蔵書や美術品・骨董品の寄贈も、はっきりと意思表示しておくとよいでしょう。ただし、時価110万円以上の高額な贈り物には、贈与税が発生します。相手に負担をかけない配慮が必要です。

寄贈・寄付でいえば、なかには香典返しの一部を社会福祉のために寄付するなど、社会全体に形見分けをされる人もいます。市区町村役場の福祉課に問い合わせてみるのがよいでしょう。遺品の種類によって寄付先も変わってくるので、役所側で適切な寄付先を探してくれるはずです。

形見分けは、遺品はそのものの価値より、愛着や思い出といった要素が強いものです。それもモノによっては邪魔になることさえあります。

「もったいないからとっておいて」という感性も大切ですが、日本文化の美しさは、なにもない簡潔さにもあります。あらかじめリストアップしておくと、形見の整理もしやすくなります。

生前から憂いのないようにすることです。これもエンディングノートに記載しておきましょう。

第4章

お葬式の意味と歴史

知っておきたい「お葬式」の言葉の意味

なにげなく使っている「お葬式」という言葉には、しかるべき意味と目的を持っています。ところが、僧侶や葬祭関係者までもが、あまいまに使用しているのが現状なのです。

人生の節目になされる「人生儀礼」のひとつ

お葬式は、古来より続く「通過儀礼」のひとつです。人の一生には、妊娠、出産、誕生から七五三、成人、結婚、そして還暦など、人間の成長過程での節目節目に儀礼あります。

そして、「死」もまた人生の節目になされる通過儀礼とし、私たちは多く慣習や慣例に基づいて対応していきます。

「お葬式」もまた個人が生活してきた社会の中での変化と遺された人たちの新しい役割の継承を意図しています。通過儀礼は、その先の先祖祭祀を含めての「人生儀礼」です。

今、その多くが形骸化して無価値なものとして切り捨てられようとしています。通過儀礼の核の部分には、震災後のキーワードである「絆」「相互扶助の精神」「悲嘆へのいやし（グリーフワーク）」といった人びとの想いや願いがあります。儀礼の意義を知ることで、また新しい工夫を私たちができれば、人生最後の通過儀礼であるお葬式も、ほんとうに心のこもったものにすることができるのです。

言葉の定義

お葬式＝葬儀＋告別式

＊葬儀とは
「遺体」や「魂」への畏怖を意図した儀式。
湯灌・死装束・納棺・引導・回向・荼毘……。
→風土や慣例に培われた伝統的な観念が深層にはあるが、表面的には仏教儀礼の作法に準じて行われることが多い。

＊告別式とは
「人」や「社会」、いわゆる「世間」に向けた故人と遺された人たちの関係を中心に行われる式事。
訃報・会葬・焼香・弔辞・弔電・香典返し・慰労・感謝……。
→形式は問わない

葬　祭＝お葬式＋先祖祭祀
↓
お墓

お葬式は「葬送儀礼」＋「告別式」

お葬式は、亡くなった人の魂や亡骸そのものに直接かかわる儀礼です。一般に、「通夜」と「葬儀・告別式」が2日間にわたって営まれます。

どんな形態のお葬式が営まれたとしても、その後の「供養」を前提に考えなければ、満足できるものにはならないのです。まずは、「お葬式」という言葉の意味を考えてみましょう。

お葬式は、「葬儀・告別式」を簡略して「葬式」です。ていねいに「お」を付けて「お葬式」ということになります。同様に、葬儀という言葉も「葬送儀礼」の略語です。

葬送は、遺体を火葬・埋葬する場所へ送り出す行為です。儀礼は、ここでは主に故人の魂に対する宗教的な行い事です。一般に、火葬・埋葬などの遺体処置は実務的対処と思われていますが、実はこれも儀礼として捉えるべきです。

一方、告別式は、文字どおり「別れを告げる式典」です。その対象となるのは、故人や遺族をとりまく地域社会と人間関係などがその対象です。

告別式は、本来、特に宗教的なものではありません。むしろ宗教色がないのが正当なものといえるでしょう。

おおざっぱな言い方をすれば、葬儀は目に見えない「故人の霊魂」や「神仏」に対する儀礼であるのに対して、告別式は実存する「生きている人や社会」に対する式典です。

「葬儀という儀礼（リチュアル）」と「告別式という式典（セレモニー）」という、一見同じような行いに見えますが、これはまったく別の目的をそれぞれがもった行い事であるということです。

注意したいのは、言葉づかいとしての「葬儀」「告別式」「お葬式」は、同じものではないという認識です。それぞれ意味と目的を理解することが大切です。

「葬《ほうむ》る」に込められる意味を知る

お葬式の「葬る」は、古くは「はふる」と読みます。遺体へのあしらいが漢字の象形的に連想できます。つくりを見ると、「死」を挟んで、上にあるのは「くさかんむり」と、下にある偏は両手でささげるという意味の「にじゅうあし」があります。遺体をささげて運んでいく姿が目に浮かびます。

また、草と草の間に遺体があるという状態にも見えませんか？　そもそも「葬る」という文字は、遺体の取り扱いそのものを表わしています。

また、「遺体」という言葉には、遺された肉体、つまり魂から遺されたという意味があります。単純に「死体」といった場合とは、まったく意味が異なります。

ここに、私たちは「葬る」という言葉にこめられる大切な意味を見いださなければならないでしょう。

遺体と魂の手立て「葬送儀礼」の原理

人びとの「死」に対する意識は、畏怖《いふ》（恐怖と敬う気持ち）であり、それを鎮静するための「遺体」と「魂」の手立てが葬送儀礼です。

夜通し遺体を見守る「通夜」

通夜は、お葬式の前夜に、故人とごく親しかった人が夜を徹して故人に付き添う、いわゆる「夜伽《よとぎ》」で、今でも習わしになっています。

通説としては、死の確認、再生願望、あるいは悪霊の侵入を防ぐ、一晩中祈りをささげる、などがあります。

現在は、午後6時から1時間程度に時間をかぎって、身近な関係者や近親者にて、読経・焼香を行う「半通夜《はんつや》」が普通です。

一般の会葬者が、日中に行われる葬儀・告別式よりも、出席しやすい通夜の時間帯に弔問するケースが増えています。通夜は盛大で、翌日の葬儀・告別式は閑散としている極端な事例もみられます。

逝去から通夜まで日があく場合は、その間に近親者だけで「枕経・仮通夜」を済ませることもあります。しかし、最近は枕経・仮通夜を省略することも少なくありません。

通夜の後、今でも近親者などが交代で、仮眠をしながら灯明や線香を夜通し絶やさないようにしているのがみられます。

日本初の告別式は、思想家の中江兆民

葬儀に告別式が加わったのは、明治時代になってのことです。1901（明治34）年12月13日、ルソーの翻訳者として知られる思想家の中江兆民が逝去して、日本で初めて告別式が行われたとされています。

彼は、遺言によって大学病院で解剖されますが、日ごろから「死んだら葬式をしないですぐに荼毘に付せ」とも遺言をしていました。しかし、彼の死を悼んだ親戚・友人によって、17日午前9時に自宅出棺、東京の青山墓地で葬儀・告別式が営まれました。

板垣退助による弔辞、大石正巳の演説など、最後は焼香に代わって棺前告別が行われました。中江兆民の無宗教葬による告別式の記事が新聞に報じられていたため、故人を見送りたいという一般の人が、1000人も参集したといいます。

昔なら野辺送りの際に、仕事の手を休め、道端で葬列を見守る村の人びとだったのでしょう。

遺族は、そうした一般の人にも肉親の死を公に知らしめ、血縁以外の人たちからも故人に対する感謝や別れの言葉を投げかけてもらいました

著名人が亡くなったとき、近親者で営んでいた葬儀のほかに、一般の人にもお別れをしてもらおうと告別式を設けたのが、徐々に庶民にも広がっていきました。

葬儀の担い手が地域共同体から葬儀社に移行した昭和30年代から、斎場を借りる都合や時間制限の中で、葬儀と告別式を同時進行するという現在のパターンが作られたのです。

告別式の目的

①死の公示・公告。逝去したことを地域社会に知らしめる。訃報など。
②故人への感謝や敬意。社会的な業績・貢献の再認。地域・社会へ対して遺族からの感謝。
③追悼と遺族の癒し。訣別の追認、再確認を図る。お悔やみの気持ちを、かたちをもって遺族に伝える。香典や供花・供物。

④遺族からの社会に対してのメッセージ。生前中の感謝や亡き後の社会的対応の表明。喪主の擁立や後継者の指名、紹介。礼状・返礼品などの配布。会食接待。

ほかにも目的は人によって違うかもしれません。周囲や地域社会に対する配慮、あるいは故人に対して自由に考えることができます。その目的に応じて場所や手法もまったく自由です。

「葬儀」と「告別式」が同時進行する不可思議

現在のお葬式は、大半が約1時間という時間内で葬儀と告別式が同時進行するというパターンで、葬儀社主導で行われています。

これには、お葬式における労力削減や時間短縮の合理性が伴っていますが、お葬式の意味や目的がわからなくなってきたことに、そもそもの要因があるようです。

「葬儀」と「告別式」の同時進行には、実はたいへん不可解な光景を生み出しています。

次の図を見てください。

祭壇や安置された棺に対して、僧侶は正面に着座し、読経して葬儀としての「宗教儀礼」を果たします。これに対して、その後ろの少し離れたところに焼香台が用意されます。会葬者は焼香台の正面を向いて礼拝します。その焼香台と祭壇の中間に、遺族や親族が左右に分かれ、正面を向かないで互いに横向きに着席します。

この配置は、祭壇正面の故人霊位と会葬者の礼拝に際して、遺族や親族は横向きのままで双方同時に対応しているなど、冷静に考えれば、どちらに対してもきわめて失礼なことではありませんか。祭壇中心の正面では「葬儀」が行われ、同時に社会的配慮としての「告別式」が後ろ側で行われているということです。

結局、遺族や親族にとっては会葬者にも気をつかわなければならず、故人を悼むことに専念できない、お葬式の目的をあいまいにしたままそのようなパターン化された進行が挙行されています。その結果、お葬式の価値の喪失や形骸化は著しく、「葬送儀礼」の深層的な概念を侵食してしまいました。

では、お葬式をどのようにすればよいのか、私が提案したいのは、「葬儀と告別式の分化」です。

葬儀において、魂の見送りがきちんと行われたならば、告別式の内容は自由に自分なりの個性を出してもよいし、これからのお葬式はこうあってほしいと考えています。

一般的な葬儀の配置図

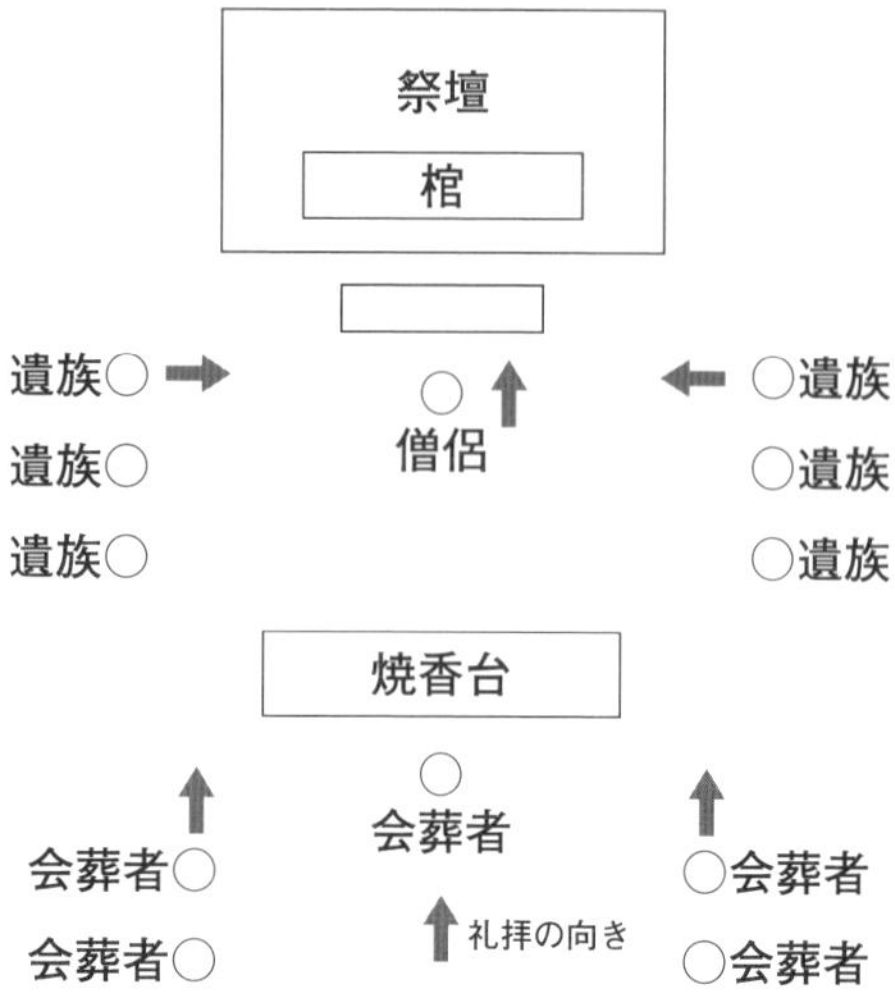

「精進落とし」と「共食」という概念

仏教では戒律で殺生を禁じています。生き物の命を奪うことになる肉や魚は食しません。そうして、ひたすら修行することを〝精進する〟といいます。近親者の死を目の前にしたとき、菜食を中心として料理がふるまわれ、それを「精進料理」といい、忌中が明けたときに食べる料理は「精進落とし」と呼ばれ、それ以降は日常的な食事になります。

現在では、通夜の席でも刺身など生ものをふるまうケースが多く、実際に精進料理が供されることは少なくなりましたが、ひとり一人に「お清め」の酒は各自にふるまわれます。お葬式には飲食が伴います。特に葬送儀礼の場合には、「食い別れ」「別れの膳」など、地方独自の食文化もみられます。

長野県飯田市の郊外には、出棺間際に急ぎふるまわれる「ござり膳」があります。「ござる」は「いらっしゃる」という意味ですが、ここでは「去る」という意味です。火葬場へ同行する人が、この料理を食します。

ござり膳の献立は、赤飯、鯉のあら煮、芋煮、漬けものです。赤飯は、非日常（ハレ）の食べ物の代表格で、祝事だけではなく葬儀でも食べるのが普通でした。鯉のあら煮も、精進料理とはいえませんが、火葬場という忌み場所に行くわけですから、それなりの覚悟をしたのでしょう。赤飯で力を付け、生臭い魚を食べることで、悪霊を寄せないという呪術的な対抗飲食ではないでしょうか。

この地方では、鯉の養殖が盛んですが、地元では高級食材であるために「鯖の缶詰」を代用するという事例もあります。

ここで理解してもらいたいのは、観念的な常識は禁物ということです。通夜や告別式の献立も、自分らしく考えることができます。祭事や祭典は、フェスティバルといい、語源となるラテン語「festa」には、「共食」という意味が含まれます。参集した人たちが、同じテーブルを囲む、あるいは神や仏、故人に魂にささげたものと同じものを食べることが共食の概念です。

最近は、食へのこだわりは祭壇の装飾以上で、今後も私たちのいろいろな思いを食の提供で価値づけるお葬式も増えていくように感じます。

レストランで行った筆者の義父の初七日法要として会食

通夜や精進落としに、温かいものは温かく、冷たいものは冷たくして、おもてなしをする。葬祭業者が提案する会食
(写真提供：ラステル®新横浜)

日本人は無宗教ではなく「神仏習合」

現在、日本ではどのようなお葬式が営まれているのかをみていきます。

日本では90%以上が「仏式葬儀」

2007年の「葬儀についてのアンケート調査」（社団法人日本消費者協会）によれば、日本人の90%以上が、なんらかの形で仏式葬儀（そのほか神道式3・2%、キリスト教式1・7%）を営んでいます。

お葬式には、仏教、神道、キリスト教、イスラム教、ヒンドゥー教、儒教などによる「宗教的葬儀」と「無宗教葬儀」の2種類に大別することができます。ここでいう無宗教葬儀とは、特定の宗教・宗派の儀礼をいっさい排除して、献花や黙祷《もくとう》などで済ませるような場合を指します。

お葬式には、それを行う人の死生観や宗教観が深くかかわっており、その違いがそのままお葬式の様式の違いになります。多くの場合は、宗教者が主導する「宗教的儀礼」として行われます。

当然ながら、宗教が違えば、葬儀のかたちや手順も異なります。また、同じ宗教でも宗派によって作法が異なることもあります。たとえば、本尊や経典だけでなく、焼香や線香の数などが異なってきます。

そのため、故人の信仰や葬家《そうけ》が属している宗教・宗派に基づいて、お葬式が営まれることとなるわけです。日本における仏教宗派には、発祥した順に大方、天台宗、真言宗、浄土宗、浄土真宗、禅宗（曹洞宗・臨済宗など）、日蓮宗などがあります。

「葬式仏教」が言い得て妙

日本では、90%以上がなんらかの形で仏式葬儀が営まれていますが、日本人が敬虔な仏教徒というわけではありません。子どもが生まれると「お宮参り」や「七五三」は神社に参拝し、「結婚式」は神社や教会（チャペルらしきものも含めて）で挙げます。宗教的には、ごった煮状態の日常を何の違和感もなく過ごしています。外国人が見れば理解不可解なことでしょう。

「日本人の宗教観は理解できにくい」といわれても仕方のないありさまです。

お葬式においても、戒名や引導、合掌・焼香、あるいは火葬といった仏教作法に準じたもの、閻魔様や先祖崇拝（特に親）、牌碑（位牌など故人の名前や功績を期した顕彰碑など）、あるいは喪中などの慣習は儒教や道教など中国の思想文化から影響されています。死の「ケガレ」や「忌《い》み」を払う「禊《みそぎ》」や「浄《きよ》め」は日本古来の感性からきているものといえるでしょう。

仏教が伝来した飛鳥時代（6世紀）以来、日本固有のこれまでの信仰が呼応して、仏教と区別された「神ながらの道」として意識されました。その後、この「神道」は日本独自の行法・儀礼を生み出しました。いわゆる神祇をつかさどることから、そこに仏教をあわせ持って「神仏習合」がなされました。これは日本文化の特質です。実に明治の神仏分離令まで、神も仏も同じように日常生活の中に溶け込んでいたということです。

現在は、その分離した状態ですが、私たちの意識の中ではほとんど変わっていません。一家《ひとつや》に神棚と仏壇があるのは当たり前のことでした。この神と仏の使い分けが無意識で可能なことから、一見、信仰心が薄いようにもみえます。

また、無節操なようにも感じられますが、「信心」という点では、神社仏閣も民間信仰のおまじないまで、大好きな国民性です。

お葬式においても、寺壇制の残存から、惰性的に仏教作法に準じてそこに違和感を持たなかったことから、一時、「葬式仏教」というその形骸化した批判の言葉がありました。それでも、あいかわらず葬送儀礼は仏式という「安堵感」は、おそらくそれ以上の感性が、死者供養（葬儀）の作法として「仏教的儀礼」が不可欠という深層があったのかもしれません。

その後の先祖供養（墓参り・法要）も仏教作法を借りた「習俗的儀礼」として、お盆や、お彼岸などの季節の行事にして、あまり宗教を意識したものとは思えない姿で現代でも継続した営みが受け継がれています。日本人は習俗の中に神仏をうまく「流用」し、「利用」してきたのです。

習俗的儀礼の「三匝行道《さんそうぎょうどう》」

人びとは太古からお葬式を営んできた

フランスの歴史学家であるフィリップ・アリエスは「人間は死者を埋葬する唯一の動物」と言っています。

そうであるのならば、なぜ人びとはお葬式を行ってきたのかを理解することが大切です。

イラク北部にある世界最古の埋葬遺跡

現在、埋葬の痕跡をとどめる世界最古の遺跡は、１９５０年代に発見されたイラク北部の山麓地帯にある「シャニダール洞窟」です。

およそ５万年前といわれる洞窟遺跡で、ネアンデルタール人と推定される骨が発見されました。生活の場と埋葬の場は分かれており、遺体は屈葬の形で葬った痕跡があり、洞窟の中では見つかるはずのない数種類の花粉が検出されています。

この事実から、ネアンデルタール人には、死者を悼む心があり、花束を手向ける慣習があった、ことがわかります。そのため、ネアンデルタール人こそが、死者を埋葬した最初の〝人類〟と考えられています。

日本の埋葬遺跡は縄文時代にさかのぼる

では、日本ではいつごろから葬送儀礼があったのでしょう。

遺跡などから確認できるのは、今から約1万年以上前にはじまったとされる縄文時代にさかのぼります。大分県中津市本耶馬渓町にある枌《へぎ》洞穴遺跡で、縄文時代の人骨とともに埋葬のために持ち込まれたとみられる、土器や石器、貝殻、動物の骨、各種装身具などが発見されています。

当時の人びとは、「死」とは肉体から魂が分離し、からっぽの遺体に別の魂は入り込み、不意に起き上がりはしないか、と非常に恐れられていました。さらに、遺体に悪霊が取り憑き、遺体から抜け出た霊魂の災いを極度に恐れられました。その恐怖から遺体を遠ざけ、遺棄、隔絶に努めたようです。

その後、遺体の膝を無理に屈めさせた「屈葬」や、大きな石を抱かせて埋めた「抱石葬」などがみられるようになります。一説によると、無理な姿勢で埋葬すれば、万が一、悪霊が憑依《ひょうい》しても遺体がよみがえりにくいのではないか、との思いがあったようです。

縄文時代も中期から後期にかけると、幼児には特別に甕棺《かめかん》を用いる「甕棺葬」が行われ、遺体を納めるだけでなく、歯・頭骨・長骨などの細骨を甕《かめ》や壺に納めた例も広い地域に見いだされています。このような複葬例は、成人の場合や集団収骨の事例にもみられ、同時に頭蓋骨のみを改葬した例も発見されています。このように遺骨保存への関心と頭蓋骨への配慮の念は、すでに縄文時代にいだかれていたのは注目すべきことです。

続いて弥生時代には、甕棺葬《かめかんそう》のほかに木棺墓《もっかんぼ》や箱式石棺、支石墓《しせきぼ》などによる葬法が加わり、収骨して、再葬する第二次的処置を示す事例が、関東地方を中心にみられます。

時間をかけて死者を葬る「殯《もがり》」

弥生時代の後期から古墳時代（3世紀末〜7世紀ごろ）になると、「殯」を前提にした古墳（土を高く盛り上げてつくった墓）が盛んにつくられていき、葬送儀礼が独自に発展します。

大阪府堺市に現存する大仙陵古墳《だいせんりょうこふん》（仁徳天皇陵）が、日本最大の前方後円墳としてよく知られています。

「殯」は、死者の肉体が滅びるまで、一定期間放置もしくは安置したのちに埋葬するという点で、遺体の二次的処置を儀礼的に洗練させたものです。

この殯の間は、死者は完全に死んでいないこととなり、遺族は遺体とともに別小屋（殯宮《もがりのみや》、喪屋《もや》）に忌み籠るというものです。当時の人びとは、遺体をすぐに処置するのではなく、時間をかけて死者への慰撫や鎮魂をしていたことがわかります。

人は肉親の死に遭遇した場合、思わず遺体に取りすがって「死なないで」「なぜ死んでしまったの」と語りかけ、〝哀惜の念〟にかられます。しかし、返事はありません。

時間がたてば、無常にも肉体は冷たくなり、死斑が出てきて、肉体は硬直し、死臭が漂い、腐敗、白骨化していく様子を見届けていれば、たとえ肉親であっても〝嫌悪感〟に包まれます。

死に対する科学的知識の乏しい時代であれば、やがて自分もそうなるのではないかという〝恐怖感〟や〝不安感〟が募るのは当然のことでしょう。

人びとは、この相矛盾するアンビバレッチ（両面的）な感情をいかに鎮め、打ち消していくかが、葬送儀礼を行う原動力になったと思います。

日本人の葬送の原点は、「野辺送《のべおく》り」

かつては山や海辺には死体を遺棄するための場所があり、人が死ぬとその場所へ遺体を運んで風葬（野ざらし）していました。やがてその場所を「野《の》辺《べ》」と呼び、死者をそこへ運ぶことを「野辺送り」というようになります。

野辺送りは、葬儀全体を表す言葉ですが、死者の魂があの世へ無事にたどり着くように念じ、また遺体は葬列を組んで、埋葬地まで行道する一連の儀礼儀式を指します。現在、出棺の際、遺族・親族が血縁順に並んで、誰が何を持つか、などの配役に野辺送りの名残りが見られます。

大正年間の東京での葬列

一例をあげれば、近親者は出棺の前に一膳飯を食べ、出棺を合図する鐘が鳴ると、庭先で棺《ひつぎ》を左に三回まわし、仮門《かりもん》から出発します。先頭は鉦《かね》をたたき、葬列者たちは、松明《たいまつ》、高張提灯《たかばりぢょうちん》、竜頭《たつがしら》、魂袋《たまぶくろ》、幡《はた》、位牌（喪主）、遺影（遺族）、飯、水桶《みずおけ》、香炉《こうろ》、紙花《かみばな》、天蓋《てんがい》、供花《くげ》（きょうか）、奠湯《てんとう》、奠茶《てんちゃ》持ち、導師《どうし》（僧侶）が続きます。

その後に、遺体を乗せた輿《こし》、親族、近親者の順で葬列として並びます。この中で、位牌持ち（喪主）と輿を担ぐ人、天蓋持ちの三役は、白の上衣にわらじか草履《ぞうり》で、特に喪主は白の裃を付けることもありました。

葬列が葬地に辿り着くと、入り口で棺を右に三回まわしてから中に入り、棺台に安置します。焼香のあと、埋葬か火葬に付すという手順を踏みます。

いまだに残る「ケガレ」という概念

お葬式における慣習の多くは、死への恐れや、そこに派生する「ケガレ」への対処をもとにしていいます。民俗学では、気が枯れた状態の「気枯れ（ケガレ）」を意味します。

たとえば、死顔を白布で覆うこと、棺の蓋を釘で閉じることなどは、ケガレを封じる儀礼でした。

また、葬儀から帰って家に入る前に「浄め塩」をするなど、「禊儀礼《みそぎ》」も現代でもしきたりとして受け継がれています。

平安時代の貴族は、ネガティブな無常観として遺体および遺骨との接触を忌避しました。庶民も、風葬《ふうそう》（遺体を風にさらし風化を待つ葬法）したのち、死屍《しし》（しかばね）を遺棄して顧みないというのが普通でした。

ケガレ観が体系化され、陰陽師などによって細かく規定されるようになり、『延喜式《えんぎしき》』（醍醐天皇の命により藤原時平らが撰修した律令の施行細則。927年完成）という法律にもなります。これは、明治時代に廃止されるまで続いたのです。

具体例としては、死は伝染するものと信じられ、通りすがりの犬の死体に出会っただけでもケガレに感染したとして、ただちに「禊」や「お祓《はら》い」を行わなければ、日常生活に復帰できないというものでした。

こうした概念は、私たちが自覚していなくとも、死をタブー視する感覚や潜在的な忌避感として、いまだに影響を及ぼしています。

火葬と納骨の起源

当時の人びとは、死者の魂に対しては畏怖《いふ》の念、その亡骸に対しては忌避《きひ》の念を抱いていたようです。ただ、髪や爪、歯などは遺骨に代わるものとしての意識もあり、両墓制（捨て墓・参り墓）の「参り墓」に埋葬しました。

つまり、遺体は山中などの「捨て墓」に埋葬して、特に祭祀《さいし》はしないが、集落内に「参り墓」を建立してその中には遺髪などを納めるというような「先祖供養」の手法がありました。遺体は、亡骸として単純に遺棄して顧みず、霊魂を祀《まつ》ることを重視した時代でもありました。

民俗学者の五来重は、中世寺院を中心に行われた「納骨」の目的は、死者の鎮魂（供養）にあり、納骨（土葬の場合は納髪爪）は「魂移しの鎮魂儀礼」であるとし、仏教による極楽浄土という観念はたんなる粉飾にすぎないというのです。

日本人の納骨信仰というのは、古代に行われた殯《もがり》の葬法が、表面的には仏式になっているが、きわめて特異な文化ということになります。

「火葬」と「納骨」は、仏式葬儀の特徴とみなされています。しかし、火葬骨・骨灰は聖なる河に散布するという古代インド以来の習俗と、遺骨を保存して崇拝する仏舎利*崇拝のようなものは本来矛盾するものです。両者は、それぞれの異なる文化要素に由来するのではないかといわれます。火葬は北方系にみられる「死体破壊」から生まれ、遺骨崇拝は南方系の「死体保存」に発生するという、2つの異なる習俗が接触して発展したという説です。

＊仏舎利崇拝　入滅した釈迦が荼毘《だび》に付された際の遺骨を仏舎利といい、転じて遺骨を舎利という。

インドのアグラ市内の火葬場

仏教伝来によって日本の葬送儀礼は変わった

縄文時代までさかのぼってお葬式の痕跡をたどると、基層的には自然発生的な霊魂観や他界観に基づいた永年の風土習俗が、仏教伝来により大きく儀礼化されていきます。

ここでは、仏教伝来以降のお葬式の移り変わりを見ていきます。なぜなら、それが今のお葬式の形式基盤をつくっているからです。

死後は是が非でも極楽浄土へ往生したい

お葬式の長い歴史の中で、大きな影響を及ぼしたのが「仏教的儀礼」です。仏教はいうまでもなく釈《しゃ》迦《か》によって創唱された宗派です。インドを発祥の地として、中国、朝鮮を経由して、日本には、538年（552年説もある）に伝来したと伝えられています。

仏教伝来の当初は、国家のために役立つ人材を育成する学問所であり、僧侶として修行する場であると捉えられていました。国家公務員としての僧はいわゆる「官僧」で、奈良仏教の中枢を東大寺に求め、認定資格は指定の「戒壇院」が発行するというものです。

のちに、その養成学校の中枢を比叡山延暦寺に移します。

平安時代中期なると、官制の寺院や僧侶の特権化・貴族化も著しく、いわゆる仏道にほんとうに帰依する意味での個人的な修行者も現われ、これらを「私度僧《しどそう》」といいますが、この自称僧侶たちが、庶民の中に仏教の浸透を大きく拡充しました。彼らは市井の中で、救済、奉仕を実践したのです。この中に、葬送供養へのかかわり、特に死者供養（お葬式）に関与する僧侶が現れました。

　また、浄土思想の浸透は、土着の民俗信仰とも習合しながら、庶民の日常や死生観とも大きくかかわりました。

　その中心的な人物が、『日本往生極楽記』の撰者でもある文人・儒学者の慶滋《よししげの》保胤《やすたけ》と、比叡山の僧侶である恵心僧都源信《えしんそうずげんしん》でした。

　なかでも源信は、『往生要集《おうじょうようしゅう》』（985年）を著述して、いかに地獄が恐ろしい世界かを描き、人びとに死後は是が非でも極楽浄土へ往生したいという気持ちをうえつけました。そして、臨終行儀として「看取りの心得・作法」（マニュアル）を示します。

　源信は天台宗の僧侶でしたが、浄土信仰による葬送儀礼の確立のうえで、大きな役割を果たします。

源信が実践した看取りの心得・作法

　986年、保胤と源信が中心となって比叡山の僧侶ら25名により、比叡山横川の首楞厳院《しゅりょうごんいん》に「二十五三昧会《にじゅうござんまいえ》」という念仏結社を作り、念仏修行に励むと同時に「看取り」を実践していきます。

　たとえば、仲間が病気になったり、臨終になったりしたときには、仲間で助け合い、介護や看取りをすると取り決めたのです。病気が重くなれば「往生院」という建物に移し、死に臨む仲間に心の安らぎを与え、極楽浄土へ旅立たせるために念仏を唱えました。さらに、葬儀や埋葬も執り行い、その後の供養も行ったとされます。

　この行いは広く庶民に影響を与え、各地に「二十五三昧講《こう》」という組織が作られました。もちろん、彼らにとっては布教や極楽浄土を目的とした活動なのですが、仏教を普及する集団の中に、特に看取りの場に「相互扶助システム」を確立していったことに、私は大きな感動を覚えます。

この相互扶助システムは、葬儀のときや葬儀後に寄り合って念仏を唱える「念仏講」や、お金を出し合い順番に自由に使っていいという「無尽講」というかたちで、今も名残りのある地域があります。前者は地域共同体の絆を再確認する意味合いが強いものであり、後者は経済的な助け合いです。どちらも相互扶助の精神に基づいています。

こうしたシステムを、現代の看取りにも活用できないものでしょうか。

法然、親鸞、日蓮、一遍など宗祖が登場

仏教による葬送儀礼は、平安時代末期から鎌倉時代以降に一躍開花して、民衆へと広がっていきました。

法然、親鸞、日蓮、一遍などの僧侶が登場し、その多くが現代の仏教宗派の宗祖になっていきます。さらに、彼らに賛同して自ら弟子となって仏教に帰依する人も出てきますが、国家的には僧侶と認められないために私度僧でした。

では、彼らは具体的に何を行ったのでしょう。当時、殯《もがり》を中心とした葬法を終焉させ、火葬による埋葬が一般化します。火葬の普及とともに火葬墓がつくられるなど、いわゆる「納骨」「先祖供養」が行われるようになります。

遺体を葬るという行為は、「葬事《はふりごと》」から「弔事《とむらいごと》」へと意識変革がなされ、仏教儀礼をもとにした葬儀のかたちが確立されていきました。加えて、僧侶は「祈願祈念」のみならず「祈祷（悪霊退治）」なども行うようになります。

檀家にならざるを得なかった江戸時代の寺請制度

日本の寺院は、学問寺、祈願寺、供養寺に分かれると私は考えています。

学問寺は、前述のとおり、比叡山延暦寺や高野山金剛峯寺など、京都や奈良に残る古い寺院の多くが該当し、いわば僧侶養成の大学です。

祈願寺は、学問寺のように天皇や国家のためでなく、庶民の信仰を集める寺院のことで、現代でも金龍山浅草寺や成田山新勝寺などがあてはまります。

そして、供養寺は、境内に墓地を持ち、地域共同体の総合的な供養を日常的業務とする寺院の総称です。私たちが普段「お寺」というとき、思い浮かべるのは供養寺でしょう。

この供養寺に大きな影響を与えたのが、江戸時代の「寺請制度」です。この制度は江戸幕府が隠れキリシタンを摘発させ、宗教統制を行うためのものでした。

島原の乱（1637年）で、キリスト教の恐ろしさを知った幕府が、すべての民衆を寺院に帰属させることを義務づけ、キリスト教信者でないことを寺院に証明させたのです。

名前や年齢、菩提寺（檀那寺）の名前、その所在地などを一家の戸主ごとに明記しました。この証明をもらうため、庶民は否が応でも寺の檀家にならざるを得ませんでした。寺請け制度は、別名「檀家制度」とも呼ばれます。

寺院のミニ権力と営利追求

江戸幕府は、各寺に宗門人別帳の提出を義務づけ、寺院を中心に住民の構成や移動などが把握できるシステムを作りだします。この宗門人別帳は、現代でいう戸籍簿と同じことです。

寺請制度は、キリシタン禁制のためだけではなく、寺院勢力の過剰な布教活動を抑制するなど、本末制度（本山を中心とするピラミッド型支配体制）とともに寺院統制にもおおきな効果がありました。

その見返りとして、地域の狭い範囲内での檀家からの搾取構造を認めたかたちになり、それが、寺院のミニ権力となり、庶民の日常生活支配から、なかには営利をむさぼる僧侶まで出現します。

土着での生活上、寺院の優位性は、檀家となった民衆に葬式や法事を強制させるものとなりました。これは庶民にとって、「年貢《ねんぐ》」という地租税徴収に加えて、寄進寄付などの脅迫的な要求もあり、二重の苦しみを敷いたともいえます。

江戸幕府のこの施策が、明治に入って制度崩壊したにもかかわらず、あまりにも長きにわたっての寺壇関係の畏怖は、私たちの脳裏に深く焼き付いてしまいました。現代においても、当時から見たら大きく社会構造や生活環境が変化しても、なおかつ根強く、しかも惰性的に対応の根拠としています。あと100年たたないと変わらないかもしれません。

いまだに90％以上の日本人が仏式葬儀を行い、今でも菩提寺の墓を守って先祖供養を続けることが普遍的なかたちであると思っている人が多いのは、こうした歴史的背景があるためです。

しかしながら、「ひとたび死んだ以上、この世に未練なく、導師により戒名を授かり、死後もひたすら成仏するように祈願・祈念する」というような仏式葬儀の宗教的一面は形骸化されて、「戒名《かいみょう》」や「成仏《じょうぶつ》」の意味を暗黙の了解事項として、供養にまつわる説明責任を果たされないまま漠然と営まれているのが実情です。

その結果として、「お葬式はいらない」と要望する人が増えたり、菩提寺との煩わしい付き合いを次世代に残したくないと、霊園や散骨を求めたりする人もいます。特に知識人を中心に、仏教葬儀を否定し、寺院の境内にお墓をつくらない人がいます。

一度、菩提寺と檀家という旧来の関係性の弊害に目が向いてしまうと、仏教や葬儀そのものまでも否定してしまうという、そんな構造があちこちに生まれています。このことは、おおいに再考し、修復すべき時期にきています。

お葬式は、村の公式行事〝コミュニティ〟そのもの

古くより「村八分」という言葉があります。これは村の掟を破った場合、その者を差別して日常的な付き合いの「八分」はしないが、火事と葬儀の「二分」にかぎっては例外であるというものです。裏を返せば、お葬式は村の総力を挙げての行事だったということです。いうなれば「コミュニティの構造」を再確認させる機会でもあったわけです。

1815（文化12）年の資料によると、当時の全

国寺院数は95万9042寺です。全国総人口が3000万人といいますから、30人に1寺があるという計算になります。

江戸の町は、〝人口百万人〟という世界最大の都市に発展したことで、これまでの地域共同体よりも広い意味で「社会」が形成されていきます。当然、都市的なインフラ整備が行われ、葬儀の面でも遺体処理やその後の供養にある一定のかたちと流れができるようになっていきました。

たとえば、長屋の住人が亡くなれば、その大家がお葬式を取り仕切るようになり、好き勝手に火葬・埋葬することができなくなります。これは「死の社会化」を意味します。つまり、ひとりの人間の死が、「社会的な死」として捉えられ、周囲の人の生活へ影響を及ぼしていくという、現代に通じる葬送観が生まれたのではないかと思います。

ただし、同じ時代でも地方では土葬が行われていましたから、これは都市部の葬法の変化と捉えることができます。

江戸時代から明治、大正、昭和に至るまで、お葬式を生業とする職業・商店（棺桶・葬具作り）はありましたが、あくまでも菩提寺や地域共同体の補助的な要請の範囲内です。

「死の社会化」から「死の商業化」へ

お葬式が著しい変化を遂げるのは、第二次世界大戦後です。葬祭が独立した業務としてなりたち、現在のような葬儀社が次々登場します。お葬式全般を遺族から直接要請されるようになると、葬儀社によっては営業範囲を全国展開するなど、これまでにない発展を見せます。お葬式そのものがサービスとして商業化・産業化されたのです。これこそ「死の商業化」にほかなりません。

あわせて、この背景には私たちが葬儀やお墓のことにまで、国の制度に口出ししてもらいたくないということがありました。これをいいことに、まったく野放し状態で、葬祭や霊園が「ビジネス」として拡充していくのです。

「死の商業化」の背景には、高度経済成長期の１９６０年代に人口が都市部に移動し、それまでは親元に残っていた長男も独立して家庭をつくり、いわゆる「核家族」が増えていきました。核家族で暮らす人が増えてくると、郷里や菩提寺とは自然に縁遠くなります。

１９７５年以降になると、地方部は過疎化、都市部では核家族化が進んで、単独世帯、特に親世代の高齢者の単独世帯が急増します。次第に、地域共同体としてのコミュニティが失われ、人間関係も希薄になります。

万が一というときには、遠方にある実家や菩提寺ではなく、近くにある葬儀社を頼りにしたくなるのも自然でしょう。葬儀社を通して、その場だけの見も知らぬ僧侶に依頼するようになります。

長い間、お葬式は地元の菩提寺や世話役といった「地域共同体の手」にゆだねて、その土地の葬送習俗や慣例に基づいてなされてきました。しかし、葬儀社による「企業の手」にゆだねられることは、日本人が培ってきた習俗的儀礼としてのお葬式を歪めたまま、次世代に受け渡すことになりかねないと危惧してなりません。

「死の個人化」というきわめて僭越な死生観

地方部は過疎化、都市部では核家族化が進んで、コミュニティが失われ、人間関係が希薄となると、これまでの「周りで支え合う」という意識から、「個の尊重」という言葉に置き換えられ、その実態は他人事には干渉しないというような、きわめて「情の薄い」人間関係にしてきました。

このような世相は、自由主義や個人主義の美学でも何でもなく、ある意味、責任放棄で、今になって制度支援へ転嫁するような傾向になりはてました。これは都市部のみならず、地元と密着した地方部においても例外ではありません。

こうした社会・生活環境の変化は、「死の個人化」という、きわめて僭越な死生観をもたらしています。

伝統的葬儀の俯瞰と目的

寺院（菩提寺）僧侶が、主導的に地域と連携して行う。

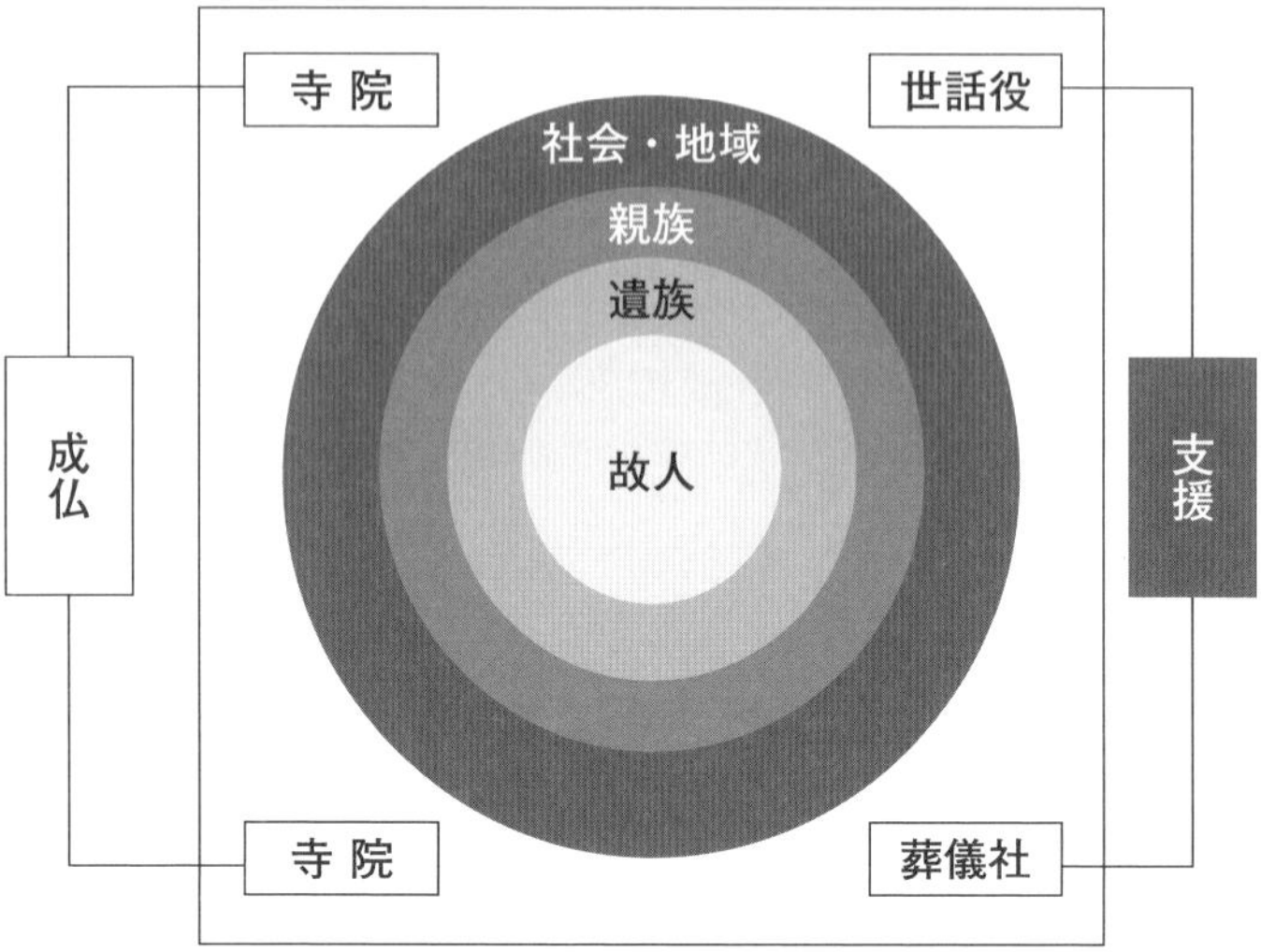

現状葬儀の俯瞰と目的

葬儀社が、葬祭ホールで遺体とのお別れの場として演出主導する。

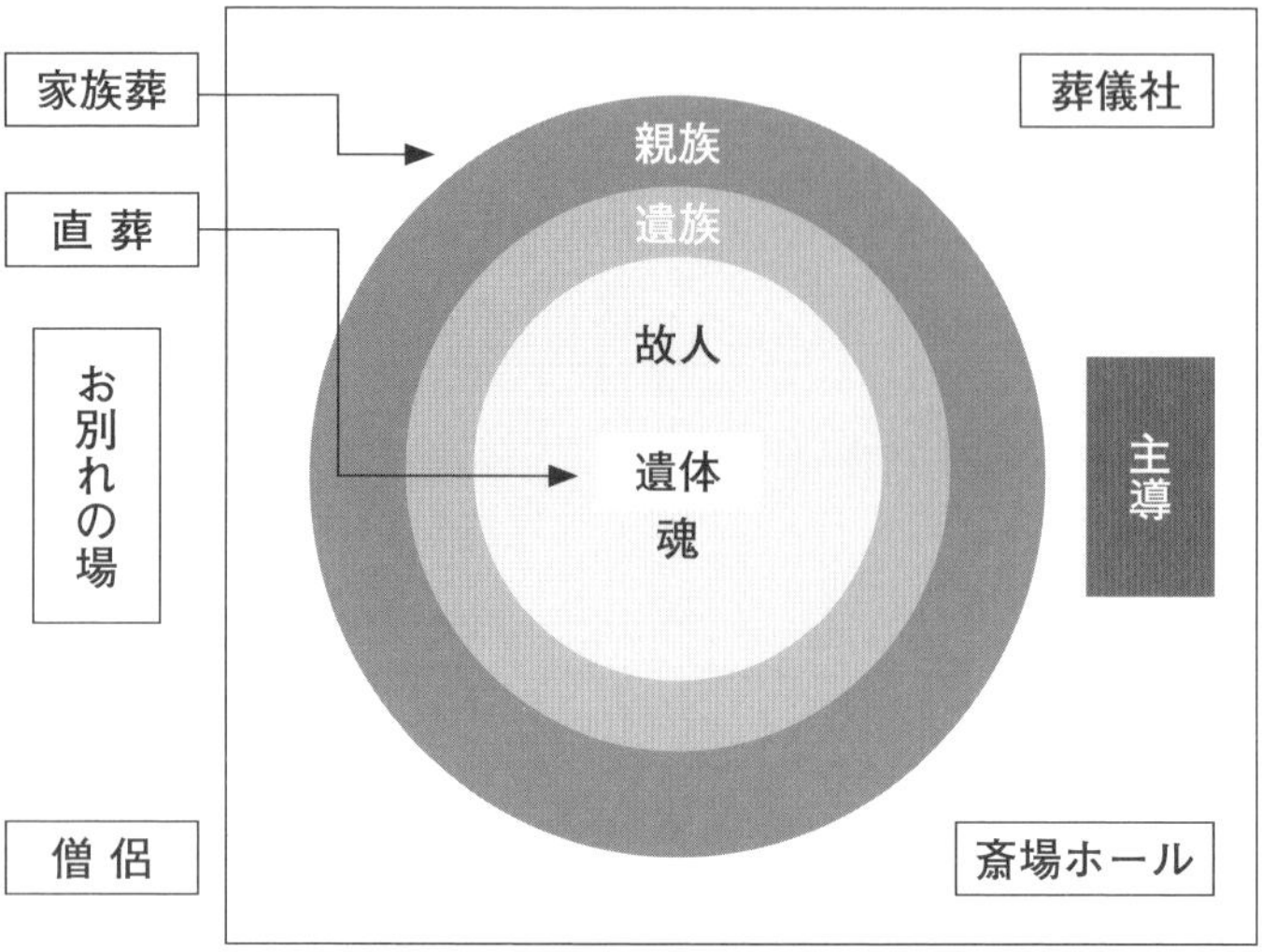

第５章

日本人の死生観

自宅では死ねない時代、多様化する死の概念

1970年代に「死に場所」（臨終環境）に変化がありました。お葬式の長い歴史からみれば、わずか30年余り前の出来事にすぎませんが、これが、私たちの「死生観」に大きな影響を及ぼしています。ここでは、死に場所の変化による死との関係をみていきます。

死に場所の90％は病院などの施設

厚生労働省の「人口動態統計」をみると、自宅の畳の上で最期を迎えるのがあたりまえだった時代から、1976（昭和51）年を境に「病院などの施設内」で死を迎える比率が逆転しています。2010年になると、約90％の人が「病院などの施設内」で亡くなっています。その内訳は、次のとおりです。

第1位	病院	77・9％
第2位	自宅	12・6％
第3位	老人ホーム	3・5％
第4位	診療所	2・4％
第5位	介護老人保健施設	1・3％

これまでの自宅で亡くなる場合の例をみていきましょう。たとえば、様子がおかしいと家族が気づいたら、ただちに「かかりつけの医師」に連絡をすれば、すぐさま往診してくれました。たとえ、その場

で死に居合わせなくとも、それまでの持病の悪化や看護の経緯から判断して、そこで「死の判定」が下され、臨終が告げられました。

さて、そこから葬送の儀礼がはじまるわけですが、いろいろなしきたりがあります。これらを「臨終儀礼」といいます。死に水を取る、北枕にする、白布を顔にかける、などあわただしく対処したものです。やがて、菩提寺の住職も駆けつけ、枕元での読経が行われました。

古くさかのぼれば、「殯《もがり》」の風習もあり、遺体を日数かけて見守り続け、やがて朽ち果てて骨になったのを見届けたうえで、そこに「死の認知」を共有したわけです。昔は、本当に死んでしまったのか、目で見て確認していたのです。その意味で、〝見える死〟でした。

では、現在の病院で亡くなる場合はどうなるでしょう。医師から「死の判定」が下されると、なかには病院の関係者から「早く病院内から連れて帰るように」などと催促されたりします。そして、遺族は気が動転しているなか、悲しむ間もなく、病院出入りの葬儀社などにより霊安室へ移されます。この遺体の安置する場所は、病院という建物の中では、おおむね施設の目につかない場所、一般の人の出入りがない場所に隣接しています。ともすれば、裏口のゴミ捨て場のようなところに設置されているところもあります。ここで遺族はますます不安に駆られ、一刻も早く何とかしたいという心理になります。

現代の「死に場所」が病院であることに間違いはありません。それならばもう少し配慮した「霊安室」があってもよさそうにも思います。

医師が判定する臨床死が「法律上の死」

「人が死ぬ」ということがどういうことなのか、実は昔も今も正確にはわからないのです。

しかし、法律上の「死の判定」は、1906（明治39）年の旧医師法において、医師の専権事項と定められています。これに基づき、医師が「何時何分、ご臨終です」と、死の瞬間を決めなければならないのが社会の約束事です。

医師によって判定される「臨床死」が「法律上の死」となりました。そのため、もっぱら臨床医学に頼ることになります。

現代医学でいえば、①心臓の停止、②呼吸（肺臓）の停止、③瞳孔散大（対光反射の消失）、という三徴候をもって、蘇生の可能性がないと判断されたときに「心臓死」とされます。

これに対してあるのが「脳死」です。これは、①深昏睡、②自発呼吸の消失、③瞳孔の固定、④脳幹反射の消失、⑤平坦脳波状態、①〜⑤までの状態で6時間を経過した状態のことです。

たとえば、心肺停止状態になったとしても人工呼吸器を装置すれば、心臓は鼓動して体温が保持されます。脳は死んでいるのに臓器は動いている「脳死」は、〝見えない死〟といえます。

急速な医学の進歩により、脳死や臓器移植に施される一連の生命装置が日常化されるにしたがい、肉体がモノ化・パーツ化されていくと、私たちの「命」そのものの存在が見えなくなっていきます。

事前に、よい葬儀社を探す

死に場所が「病院などの施設内」になったことで、遺体を「どのように搬送して、どこに連れて帰ればいいの？」という、現実問題に最初に直面します。

多くの場合は、病院と提携や委託している葬儀社が来て、遺体の着替えや搬送のための準備を行います。自社での搬送から安置、そして葬儀施行の請負いという流れで、遺族の要請を受けられれば、葬儀社として業務受注になるわけですから、たいへん親切に対応してくれます。すでに葬儀社が決まっている、あるいは搬送だけを委託するような場合では、強引な文言で棺や高価な死装束などを強要したり、他の葬儀社に対して面当てを言ったりします。

そこで葬儀社の資質が問われます。これには注意が必要です。公正取引委員会なども、これまでの白書の中で「一部の病院出入り葬儀社」への悪質例を報告し、消費者への注意喚起を促しています。

遺族は、当然適切な葬儀社を迫られます。病院には長時間いられませんし、安置する場所の制約もあれば、大きな戸惑いが派生します。しかも悲しみなど、冷静さを欠いたなかで、判断を迫られるわけですから、この時点での対応はきわめて難しいものとなります。

病院から運ぶといった時点で、葬儀社という企業の介入が余儀なくされるわけですから、そこで葬儀社を選ぶというようなことは不可能です。

この点をみても、いかに事前のこころづもり、具体的には万が一の場合、適切な対応をしてくれそうな葬儀社の目星をつけておくなど、普段から少しでも葬儀社の情報や葬儀の知識を得ておくことが必要なのです。

親の葬儀という自身の人生にとっても、最も大切な節目の儀式を行きずりの葬儀社に任せてしまうほど、安易な考え方ではいけないのです。

現代では葬儀社という企業への委託は葬儀を進めるうえで欠かせないものです。だからこそ、事前に「よい葬儀社を知る」ことがいかに肝心なことかを理解しましょう。

「畳の上で死にたい」は過去の産物

厚生労働省の「終末期医療に関する調査」（2007年）によると、「自分が治る見込みがなく死期が迫っている場合、療養生活は最期までどこで送りたいか」という質問に対して、最も多いのが「自宅で療養して、必要になれば緩和ケア病棟に入院したい29・4％」となり、「自宅で最後まで療養したい10・9％」です。最終段階の死に場所としては、緩和ケア病棟や医療機関を希望する人は80％を占めます。

自宅で最後まで療養するのは実現困難であると考える人は、具体的な理由（複数回答）に「介護してくれる家族に負担がかかる79・5％」と「病状が急変した時の対応に不安である54・1％」が過半数を占めています。

かっては、「最期は畳の上で死にたい」といわれ、不慮の死を遂げるのではなく、自宅で穏やかで死ぬのがあたりまえの死に方を意味しました。

しかし、現在では「見送られる人」も「見送りする人」も、自宅の畳の上ではなく「病院などの施設内」を望んでいることになります。

「死の判定」を、自分自身で取捨選択する時代

自分の人生を締めくくるにあたり、最期に「病院などの施設」を選ぶということは、臨床死において は「心臓死」あるいは「脳死」を、自分を含めた家族が選択することになるのです。さらに、介護や病床においても「インフォームド・コンセント（説明と同意）」「終末期医療・ホスピス」「延命措置」「尊厳死」「臓器提供」「献体」といった問題も、自分自身が事前に、なおかつ冷静に対処していかなければならないことを意味します。これは、きわめて勇気のいることです。

習俗的には「輪廻転生」など、私たちは死を決してその先のないものとは考えていません。いつの日か、この世に生まれ変わって、それまでは子どもや孫を守護していくような存在になりたいと思っています。それは遺された人の気持ちも同じことではないかと思います。

「死」から学ぶ感性、文化としての「死」

人生の大きな節目が「死」です。そこから新たな再生や更新に向かっていく情感としての霊性を基層の文化として培ってきました。

私たちの素朴さは固有の特性として、豊かに受け継いでいきたいものです。

日本人独特の「見立てる」という文化

古くは肉体から分離された「死者の魂」は、その直後では非常に不安定で荒々しく、何かしら恐れられるものとして意識していたようです。今のように愛着や追慕よりも、むしろ畏怖の念で対応していました。

また、その魂が悪霊化しないためにも、「鎮めおさめる」鎮魂の呪術が儀式化しはじめました。この考え方は、平安時代の『令集解《りょうのしゅうげ》』（８６８年ごろ）にも見ることができ、悪霊と化したその魂は「凶癘魂《きょうれいこん》」として表わされています。

現代では、遺体に対して多くの人が、思い入れを表していますが、かつて遺体は亡骸として遠ざけるもの、忌避するものであり、親しくとも〝嫌悪感〟を打ち消すことはありませんでした。だからこそ、遺体に対してはこれを封印し隔離するという手立てを施行し、魂に対しては、その存在を何かに「見立て」て、手を差しのべていくようなふるまいが、やがて呪術から仏教儀礼へと宗教化された儀式体系に組み込まれ、それが庶民にも浸透していくことになります。

そのなかで、特に「見えない存在」を感じるための所作や儀法が、実存するものを通してなぞらえていくようになります。

発せられた光の前に、たとえば、一本の棒を置くことにより、そこに影ができます。この投影されたものを私たちは、棒を見ることによって連想する感性を長年培ってきたということです。

広大な宇宙も四季のうつろいも、朝夕の繰り返しも、命の輪転のように見立てることで、見えない世界を受け止めて豊かに想像できるのが、日本文化の特質ではないかと思います。

それが自然や時間軸だけではなく、ありとあらゆるものへの霊性として、庶民一般の生活文化の中にも多く共有され、「暗黙の了解」こそが、きわだった私たちの生活原理として継承されてきました。

いったん死んだことにして再び生まれ変わる「擬死再生《ぎしさいせい》」

では、人びとは「死者の魂」を何に見立てたのでしょうか。

たとえば、90歳の人が亡くなった場合、現代人の私たちは90歳の人格を持った魂が、肉体から分離したように漠然と思うでしょう。しかし、当時の人びとは「死者の魂」を「出産」に見立てて、生まれたばかりの赤ん坊であると考えました。現代では奇異に感じられますが、これは日本人の霊性における基層観念ではないかと考えています。

この感性は、どこから生まれたのでしょう。それは民俗学では「擬死再生」にあると考えられます。一度死んだことにして再び生まれることをいう「命の更新」を意味します。死んで罪や災難を滅ぼし、汚れのない命として生まれ変わるということです。

「流し雛《びな》」の風習は、擬死再生の考え方があるとされています。子どもに見立てた人形《ひとがた》を笹舟に乗せ、海や川に流します。これはいわば「水葬《すいそう》」を見立て、その節目までの罪障を人形に託して葬りさる意図を感じます。「水に流す」という一切の「リセット宣言」を境に、命の更新を仕組み、改まった成長の通過点として儀礼が行われるといってもよいでしょう。

「擬死再生」については、宗教民俗学者の五来重の『葬と供養』（１９９２年　東方出版）や、同じく宮家準の『宗教民俗学』（１９８９年　東京大学出版会）で詳しく知ることができます。

「死者供養」は、「子供養育」の中に本質がある

人の死は、肉体から離れて「魂の分離」と考えられ、死者の魂はあの世で生きています。日本人は、その魂を子どもと見立て、あの世で育てていくことを習俗的な感覚としています。死者への湯灌《ゆかん》や死装束《しにしょうぞく》などの対応も、赤ん坊の産湯《うぶゆ》や産着《うぶぎ》の対応と重ねてみることもできます。

赤ん坊は目が離せません。死者の魂も赤ん坊なのですから、面倒をみなければなりません。人びとがもっとも恐れたのは、死者の魂が怨霊となって災いをもたらすことでした。災いを招かないように最善を尽くすことが要求されたのです。

これが「死者供養」、つまり「葬送儀礼」です。遺族のみならず共同体全員で手厚く祀ることは、子育ての出発点として、最大の手立てを密に重ねて育て上げる、まさに子育てと同じ見立ての中でなされているといってもよいでしょう。

何もわからない荒ぶる魂から平穏な精霊へと成長させるまで、私たちが「供養」とうものいいで手立てを尽くしていきます。供養とは、文字どおり「子供養育」の二文字に相当します。ここに素朴な本質を見立てておきたいものです。

そこで、育み成長した「死者の魂」は、33歳でいっぱしの大人として自立します。これを「三十三回忌の弔い上げ」として、供養の継続期間の区切りとします。いってみれば成人式。ならば仏教語でいう「成仏」したということになるわけです。

その後は、分別のある私たちの守護として、祖

霊、祖神として先祖の神様になり、これを私たちは神棚に祀ります。そうしてそこを「祈願・祈念」の窓口として日々信心しているのが「仏壇」と「神棚」であり、「家」を表象する根幹でした。

人の一生は、「この世」と「あの世」

先人は、人生を「この世」だけでなく、「あの世」を経て再び生まれ変わるまでとして、この循環のひとまわりを「人の一生」と見立てました。

生まれてから死ぬまでを「半生」、あの世での残りの半分を「後生」と捉え、半生と後世を合わせて「一生」としたのです。これは豊かな精神風土から生まれた感性だと思います。

次のページの「日本人の生と死の儀礼の構造」を見てください。これは、前述した宮家準の著作で論じられているものです。この図式には、日本人が考える「人の一生」がわかりやすく示されています。円の上半分は「この世」、下半分が「あの世」です。

このような連環の中で、生と死を半々として位置付けています。ここでも、大人になって結婚をして、所帯を構えるところで一人前の自立としています。

同じ見立てで、死去後、「三十三年の弔い上げ」を節目に育てられた魂は自立して、今度は神となって私たちを守ってくれる存在として相対しています。

前述した「子供養育」の二文字が「供養」という考え方も、その図式では下左半分の四分の一がこの供養の期間に当てはめることができます。

おもしろいことに、この世の終わりがけに「インキョヤ」と出ています。これは「隠居」ということです。つまり来たるべき残りの半分、あの世に行くにあたり事前に勉強しておきましょうという生活様式の慣例を示しています。

「エンディングノート」の考え方は、日本人の生活様式の中にすでに組み込まれた慣習として、営々となされていたわけです。私たちは、専門学者の著作からその研究成果を読み取るだけではなく、実生活

日本人の生と死の儀礼の構造

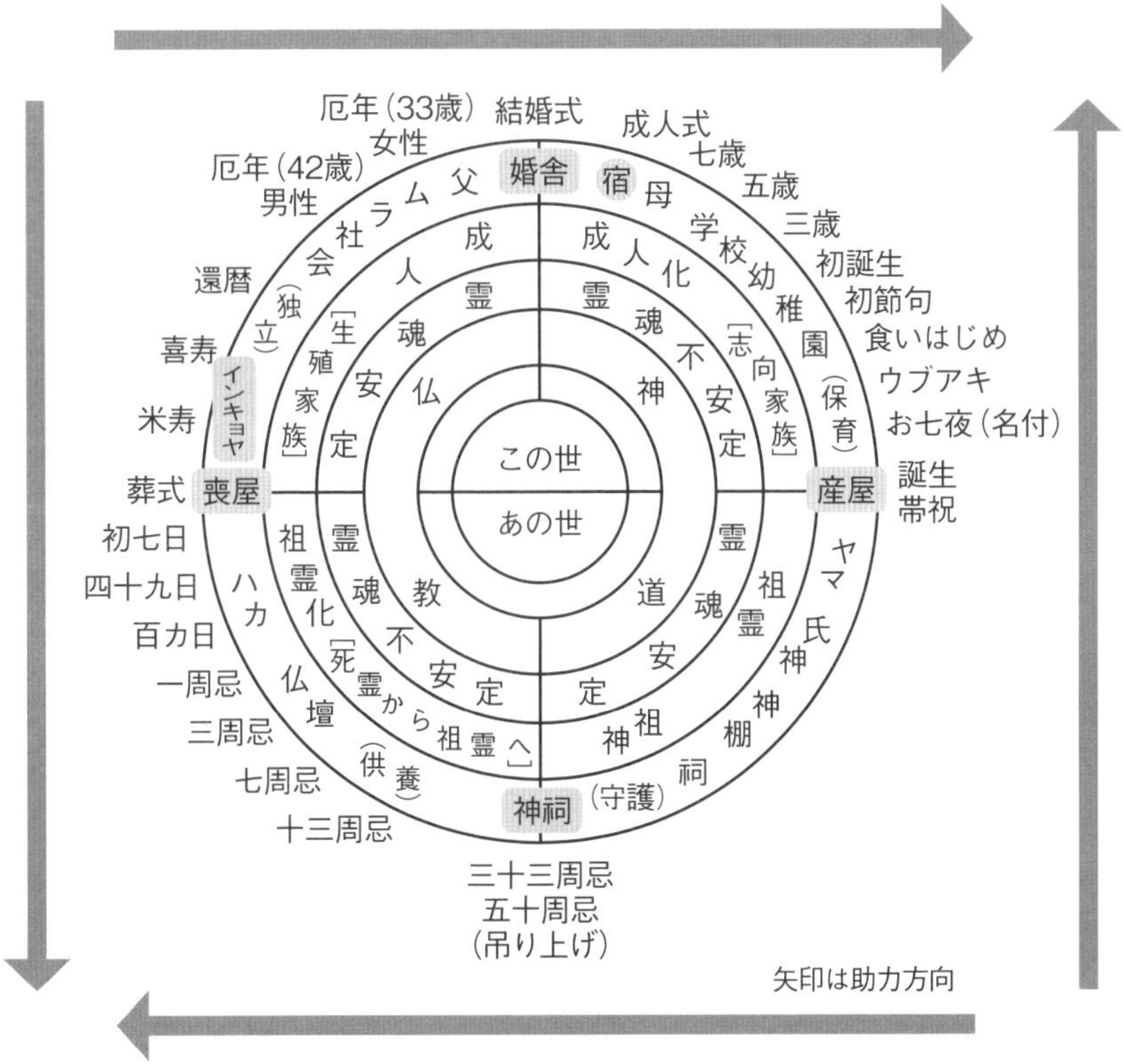

資料：宮家準著『宗教民俗学』（東京大学出版会刊）より

図では、「この世」と「あの世」と合わせて、人の一生としています。死を終着と捉えるのではなく、新たな再生の大きな節目として見立てていました。そこには、命のはかなさだけでなはなく、同時に命の尊さも見つめていたのです。この感性は、まことに豊かな先人の人生観ではないでしょうか。誕生と死の対比をしてみてください。産湯と死装束は「白」、産湯と湯灌は「水」を用います。七五三と七・五・三の年忌法要、結婚式と弔い上げで、一人前として認められます。

このように死は「この世」の生に準じて扱われ、弔い上げの後は先祖の神（祖神）として、神棚で奉られます。神（神棚）と仏（仏壇）の共存は、特定の宗教観を超えた日本人独特の精神文化です。

と照らし合わせた、日常の生活の中での営みを感じ取らなければなりません。

先人は、自身の死や死後、また生まれ変わってくる自身のためにも、後顧の憂いなく生前の心構えや、そのための具体的な準備をしていたということです。家督相続の中では、祭祀承継が最もその相続条件としては欠かせないものでした。こういう儀礼の構造から、それはいつの間にか日常生活の中に溶け込んだ考え方として、特に意識されることがなかったことと思います。

そのために今になってまた再びその意識回帰がなされはじめたということです。

本書のテーマである「エンディングノート」の始原がこの図にあるように、これまでの生活慣例で培われたことを、ここで知っておいてください。

死は「世代交代」の通過点

この図が示す重要な点は、この世に生まれた人の魂がなくなって、あの世でいったんリセットされることです。この世であれば、子どもは成長すると自分らしさ、つまり個性を持つものですが、あの世はこの世の裏返し、すべては正反対としているのが通例の生と死の世界観ですので、「死者の魂」は三十三回忌を迎えるころには個性よりも白紙のような無垢の存在になると思われています。

古代の日本人の輪廻観は、仏教伝来以来の仏教世界の意図する概念にも影響されたかもしれませんが、本質的には、また人は人として生まれ変わることが前提に、あの世とこの世の循環を見立てていたのではないでしょうか。ここが日本の習俗の素晴らしいところです。

だからこそ「死」という通過点は終着ではなく「世代交代」の節目にほかなりません。

お葬式や供養の根本は、「そこには自分はいない」という事実です。次世代にどう託すかという世代間の問題です。それぞれの世代がはたさなければならないこと、それを「世代責任」といいます。

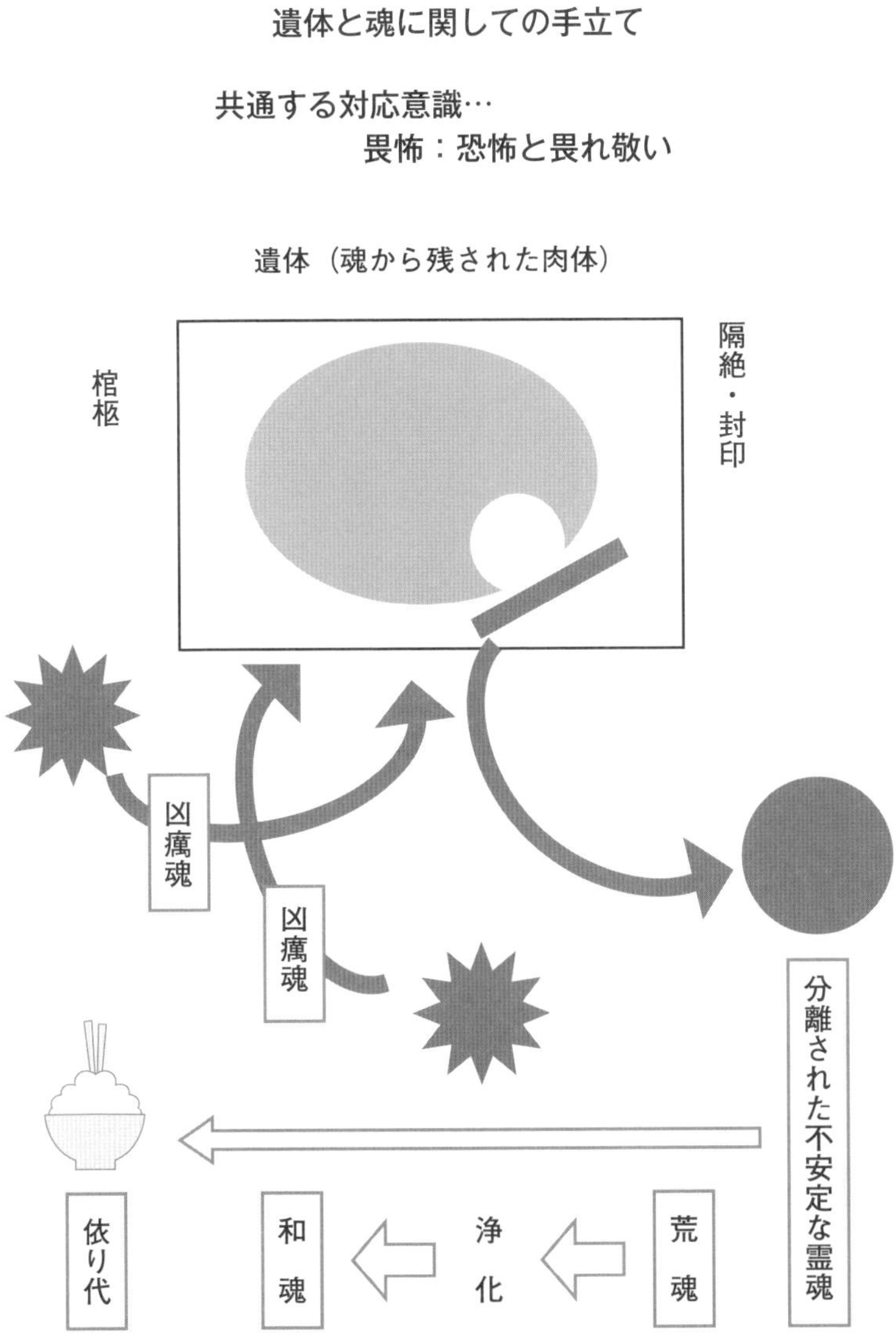
遺体と魂に関しての手立て
共通する対応意識…
畏怖：恐怖と畏れ敬い
遺体（魂から残された肉体）
棺柩
隔絶・封印
凶癘魂
凶癘魂
分離された不安定な霊魂
依り代
和魂
浄化
荒魂

新たな死生観に揺れ動く

今ほど死生観をないがしろにしている時代は、これまでなかったように思います。

あらためて習俗的で基層的な死生観を探り、個別化する死の概念にも対応できる、新たな死生観の共有が求められているように思います。

遺体を美しく保存する「エンバーミング」

お葬式の現場では、一般的な葬送儀礼への付加価値として遺体に対する「エンバーミング処置」を提案する葬儀社が増えてきました。

エンバーミングとは、「遺体衛生保全」のことです。具体的には、遺体洗浄・消毒に加えて、血管から防腐液を注入し全身への灌流固定する理学処置です。これにより遺体の長期間保存が可能となり、遺体から周囲の人への感染症予防にもなります。

はじまったのはアメリカの南北戦争のときであるといわれています。そこでの戦死者移送のために向上した遺体損壊の修復技術から発展したものだとされています。また、キリスト教などの根本的な教義では、火葬のような遺体消滅ではなく永眠というかたちでの遺体保存が根底にあり、土葬することが多いので、その点でも普及したと思われます。

日本では、逝去から火葬場での荼毘が通常で、しかもその期間がきわめて短時間でなされます。普通は逝去後、2~3日で遺体は火葬されます。強いて言うなら、遺体保管期間を延ばすための処置だけならまったくその必要を感じません。ただ、死化粧や着せ替え、あるいは納棺などまでを一連のセットとしてサービス提供しているところもあるので、希望に応じて処置することができます。

複顔やメーキャップにより、「まるで生きているように」することもできるので、遺体を美しくすることで、故人への思い入れや遺族自身の安心感など、納得のしやすい処置かもしれません。これはかっての葬儀が「魂の成仏」を目的としていたことから見れば、葬儀が「お別れの場の提供」という目的に変化した現代社会のトレンドを表しています。

つまり、〝さようなら〟を言いやすくするための演出と見ることができます。

日本では、エンバーミングは法律的には認可されていませんが、１９９４年に日本遺体衛生保全協会（ＩＦＳＡ）が創立され、法人化を目指しています。

現在は、医療施設などで必要な設備を有して、アメリカやカナダのエンバーマー（エンバーミングのライセンス取得者）によって行われています。最近は法人化を予測して、エンバーミング処置室を設置する葬祭場などもあります。料金はケースにもよりますが、10日から2週間の保存が可能で、十数万円程度から受けることができます。

国際結婚による宗教観や死生観の違い

エンバーミングは、火葬を前提としている日本では、あまり浸透しないだろうと考えられていました。欧米人の場合は、遺体の肉体的側面を重要視するという感覚があります。死者を生前の姿に復元して肉体を再現するというのは、遺体の永続性への願望が含まれています。これは古代エジプトに流行したミイラ文化に通じあうものがあるでしょう。

日本人の死生観は、東南アジア文化圏に属することはいうまでもなく、死者の遺骨・骨灰を壺に保存して尊重する慣習や見えないものを信じる感覚と、エンバーミングの意図は異なるように思えます。

しかし、長い闘病生活でやつれた姿や事故による損傷がはなはだしい場合には、遺体の修復保全を望む傾向もあります。その際、有効な手段を講じることは遺族の気持ちの問題です。

ただ、私は修復はともかく納棺師、あるいは湯灌委託などの際の化粧が、いわゆる死化粧《しにげしょう》になっていないことが気になります。死者を生者に見せかける安易さは、ほんとうによいほどこしなのでしょうか、熟慮しなければなりません。

宗教や民族によって死生観も大きく異なります。最近では在留外国人の数も増えて、それぞれの宗教によって葬儀や火葬、あるいは埋葬でなければならないなど、その多様性が問われています。

国際結婚では、見送る夫婦同士の慣習が異なるケースも多くあります。在日の中国人や韓国人のお葬式も経験していますが、本国風にしたのち日本向け行うというように二部構成のケースもあります。特に遺体についての処置は、イスラム教では絶対に火葬にしません。このようなこともあるので、エンバーミングにおいても、その宗教や民族の死生観を踏まえたうえで対応しなければなりません。

江戸時代の浮世絵には「死絵《しにえ》」が存在した

江戸時代の浮世絵には、「死絵」というカテゴリーがあります。人気のあった歌舞伎役者は、亡くなると生前とは異なる格好で描かれました。これは、死者と生者が厳然と異なるものだという意識がなければ、生まれてくるものではありません。

「死顔」や「死化粧」も、お葬式においては生きているときと死んだときは、歴然と違うものだという共通理解のうえで、「死顔」に生きているときとは異なる「死化粧」がほどこされてきました。ここが、アメリカ人のエンバーミングとは異なる感覚です。

「死生観」という言葉にしても、死と生を同等に考えた意識から生まれた言葉です。また「死にざま」という言葉も、死を半生の帰着点、最大の目標として考えたものでした。特に、武士などは自分の死にゆく姿がどうあるべきか、美学として求めたのではないでしょうか。

昔の人びとは、死が常に目の前にあり、死を避けることはできないと認識すると同時に、今ある「命」を自他ともに尊重していたのです。死に向かって歩んでいる以上、目をそらしてはならないと、死を見据えることができたのです。

　こうした価値観が現代の人びとに残っているでしょうか。現世意識と来世意識（他界観）が、一個人の中に両立して存在していたのは、少なくとも第二次世界大戦まででしょう。

＊死装束　納棺に先だって、故人に白いさらしの経帷子《きょうかたびら》（死装束）を着せ、経帷子・頭巾《ずきん》・上帯《うわおび》・手《てっ》甲《こう》・脚絆《きゃはん》・足袋《たび》・草履《ぞうり》・杖《つえ》・六文銭《ろくもんせん》・頭陀袋《ずだぶくろ》などを持たせます。「浄土へ死出」を説かない浄土真宗では死装束はほどこされません。近年は死装束をほどこさず浴衣や個人が生前に着用していた服を着せたり、死装束は遺体の上からかぶせたり、棺内に入れるだけであ済ませることもあります。

故人との最後のお別れ。遺体はエンバーミングをほどこし、棺の中は生花で飾りつけた

従来の死装束に代わって、「天使服」というものが登場。日本の文化や伝統を守りながら最後の旅立ちを美しく飾る衣装にしたいという願いがこめられている（写真提供：姉妹ソーイング）

ひとり暮らしの私が死んだらどうなる

「お葬式に関するセミナー」の中で、今、最も多いのが「ひとり暮らしの私が死んだらどうなりますか？」という質問です。特に、高齢で独居世帯の場合は、「誰にも発見されないで死んでいた」という事例が心配です。

衝撃を与えたある大女優の死

2009年に、美貌で人気を博したある女優が、ひとりで亡くなっていたという事件は、犯罪ではなく病死でした。

このような事例は、その後もありましたが、記憶に残るところです。知人や親族があまりにも連絡が取れないということで、訪問したことから発見されたわけです。ひとり暮らしで連絡が取れないということは、周囲の人にとっても大きな不安で、このような亡くなり方を「孤独死」というように報道されます。

内閣府の『高齢社会白書』（2010年版）では、「誰にも看取られることなく息を引きとり、その後、相当期間放置されるような悲惨な孤立死（孤独死）」と表現され、高齢社会での問題として提起しています。

一般に、孤独死と聞くと「誰にも看取られない最期は寂しいものだ」というのが大方の印象です。孤独死問題をテレビで繰り返し取り上げられれば、ひとり暮らしの人たちにとっては「他人ごとではない」と心配するのは当然のことでしょう。

普段はプライバシーなど、自身の占有を大切にしたいと考えている人も多いのですが、突然の病気やそこから死に至るなどの突発的なアクシデントは起こりうることです。

まして高齢者ともなれば、健康上の急変は当然あるものとして、単身世帯の方のみならず、同居家族がいる場合でも話し合っておかなければならない重要な事柄です。

「エンディングノート」は、そのためのツールとして、誰もが簡単にできる事前対応の処方として、広く社会に認知されたものといえるでしょう。

「立つ鳥跡を濁さず」という日本人の潔《いさぎよ》さ

「立つ鳥跡を濁さず」というように、死にざまの潔さは日本人の生き方の美学でもあったわけです。

孤独死のような事例は、現実には警察に通報され、警察官の関与を踏まえたうえの検視（検察官、またはその代理人によって行われる死体の状況捜査）が行われます。検視は、鋭敏な捜査感覚と法医学的な知識が要求され、一般に「刑事調査官」もしくは「検死官」と呼ばれる、特殊な訓練を受けた司法警察員によって行われているのが現状です。

これは関係者に、悲しみよりも先に大きな戸惑いを与えるものであると同時に、遺体の放置からくるさまざまな不快感は、近隣など周囲にどれだけ迷惑をかけることか、同時に心理的な衝撃は長期間にわたる汚染された影響として残存します。

また、一方では、死亡者の身寄りが探されることになります。身寄りのない場合や、家族が遺体の引き取りを拒否する場合には、行旅病死人や身元不明者として処理され、市区町村長名の署名で火葬されます。その後、遺骨は一時的に公営の無縁墓地などに埋葬されるというのが一般的です。

孤独死のピークは、60～64歳の男性

厚生労働省では、ひとり暮らしの高齢者世帯は今後も増加すると予想しており、２００８年に「高齢者等が一人でも安心して暮らせるコミュニティづくり推進会議（「孤立死ゼロ」を目指して）」を設立させ、孤立死対策を実施しています。

ここでの孤立死対策は、65歳以上の前期高齢者が対象となるわけですが、「東京都23区における孤独死の実態」（２０１０年、東京都監察医務院）を見ると、男性は50歳代前半以降、女性で60歳代後半以降から孤独死発生率の増加が目立ちはじめます。

孤独死のピークは、「60～64歳の男性」です。65歳になれば、高齢者支援も受けられ、周囲も何かと気づかってくれます。しかし、65歳までは自分自身が気づかわなければなりません。とかく男性は、自分の健康を過信してしまう傾向が強いようです。

孤独死の死因としては、生活習慣病（糖尿病、高血圧、高脂血症など）があげられています。生活習慣病は、高齢者のみならず働き盛りの、ひとり暮らしの40～50歳代も無視できない問題です。

ちなみに、ひとり暮らしの死亡者のうち、家族によって発見されるケースは約30％、残りの約70％が第三者によって発見されています。また、発見されるまでの平均日数も男女差があり、女性は６・５日であるのに対して、男性は12日と女性の約２倍もかかっています。

無縁社会とは、言い換えると無責任社会

悲惨な孤独死をする人は、社会的なつながりを持たずに、生前から孤立していることが多いことがあげられています。今、人と人との関係が希薄となった社会の一面を「無縁社会」と呼んで、メディアが騒ぎすぎるのが気になります。

こうした無縁社会を「無責任社会」という指摘がありますが、個性やその人らしさなどの限度を超えて「自分勝手」なふるまいも、他者への無干渉とい

う風潮が、社会規範を蝕んでいる病巣のひとつとしてあります。

自己責任を果たせないまま、身勝手な生活をしているのではないかという、常に自身への問いかけを私たちは忘れてしまったのかもしれません。

「核家族」の恒常化と、プライバシーの拡大解釈から、他者と自分との間合いを取る気遣いを煩わしいものとしています。それは、公の社会関係のみならず、夫婦、親子間でも「個の分離」傾向として感じています。個人的な〝おせっかい〟（相互扶助）を「制度」にゆだね、自己責任の解除をした、ということにほかなりません。

このために孤立しやすい傾向を少しでも仮想的に癒してくれるのが、「メール」や「ブログ」だと思います。しかし、この責任感の希薄な疑似的コミュニケーション手段が、バーチャルであっても、常に誰かとつながっていたいという安心、つまり不安の除去という機能を有しているのが現代社会です。

また、制度にゆだねたとしても、介護保険や生活保護を含める社会保障システムが、家族世帯を前提とされているため、単身世帯の急増に対応できずにいる現状もあります。

では、こうした孤独死を避けるにはどうしたらいいのでしょうか。

第一生命の「自殺と孤独死に対する意識～地域コミュニティ再構築の可能性～」調査によると、孤独死を防止するための対策に、次の三つをあげています。

①日ごろから、家族が連絡を密にする。
②日ごろから近所の人たちが声かけをしたり、心配りをしたりする。
③緊急連絡先や助け合える友人などを確保しておく。

この調査結果から、いかに〝人とのつながり〟が大切であるかがわかります。

前述した「お葬式に関するセミナー」の参加者からの「ひとり暮らしの私が死んだらどうなりますか？」という質問は、「子どもたちに迷惑をかけたくないので、ひとりで死んでもいいようにするにはどうしたらいいのですか?」というのが、本意でしょう。

たとえ、ひとり暮らしといっても、決して天涯孤独や身寄りがないわけではないはずです。

「死」は、誰もが避けては通れない通過儀礼です。しかし、自分自身の死に際しては、直接携わることができず、常に他者の手によってなされるものです。そのような状況想像がなされないまま、安易な自分自身の始末を丸投げするのはいかがなものでしょうか。

お葬式も含めて他者に頼らざるを得ないことはわかりきっていることです。そこからさかのぼれば、周囲との関係の中で、どのような交流を図っておくべきかが、必然的に理解できると思います。

孤独死を防止するために必要な対策

①日ごろから、家族が連絡を密にする	51.2%
②日ごろから近所の人たちが声かけをしたり、心配りをしたりする	43.0%
③緊急連絡先や助け合える友人などを確保しておく	33.6%
④自宅に緊急通報システムやテレビモニターなどを設置する	24.3%
⑤どこの家庭が一人暮らしかを近隣の人たちが把握しておく	23.5%
⑥日ごろから地域の民生委員が声かけをしたり、心配りをしたりする	23.4%
⑦町内会や団地単位で、地域住民が高齢者の見守り活動をする（ごみ出しや安否確認など）	22.4%
⑧高齢者用住宅を整備する	17.5%
⑨かかりつけの医師・診療所が目配りをする	16.7%
⑩行政が高齢者の生きがい対策を充実させる	13.1%
⑪生活についての相談窓口を充実させる	9.4%
⑫その	1.4%
⑬特に対策はない	1.8%
⑭無回答	1.8%

※資料：「自殺と孤独死に対する意識～地域コミュニティ再構築の可能性～」（2007年、第一生命）

第6章

お葬式の前に考えること

親の死に直面して自分のお葬式のあり方を考える

親のお葬式をしたことをきっかけに、「自分はどのように葬られたいか」と考えるようになるという人はたくさんいます。大切な人を見送った経験で、初めて具体的にお葬式をイメージすることができます。

故人の存在を言葉にしてその人の人生を紡《つむ》ぐ

葬祭カウンセラーという肩書きを持つ、私も相談ばかりでなく近親者の死にも遭遇します。「紺屋《こうや》の白袴《しろばかま》」というわけにはいきません。

これまで妻の両親のお葬式を、長女の夫として葬儀のすべてをゆだねられました。3人姉妹である妻の実家は、いわゆる家名を継ぐ者がいません。

義母のお葬式は、13年前でした。

すでに自宅での施行よりも葬儀社などの斎場ホールを使用することは、一般的になっていました。都内にある区営の斎場で、ごく普通に営みました。この普通というのは、一般的な意味での「通夜」と、翌日の「葬儀・告別式」を行ったということです。

通夜が終わると、親族は自宅に帰りました。ただし、喪主である義父と私は、義母の遺体に付き添うために、式場に隣接した控え室のような3畳間で、一杯飲みながら仮眠をとりました。いったん明け方に自宅に帰って、出直したと記憶しています。

殺風景だった狭い部屋で、義父と飲み明かしたことを思い出します。その当時は、「斎場に宿泊する」という概念はなかったように思います。また、「家族葬」という言葉もありませんでした。

斎場でいっしょに一夜を明かした義父も、すでに逝きました。義父の葬送の際には、都内に誕生した葬祭施設を利用しました。

私は、お葬式は「葬儀」と「告別式」の二つの行い事から成立していると考えています。葬儀は、遺体と故人の魂への対応で、納棺や火葬などと併せて、読経や戒名授与などの宗教的な儀礼付与がそれにあたります。

一方の告別式は、故人や喪主の社会的かつ対人的、いわば世間的な付き合いなどの延長線上の慣例であると考えます。義父の葬送のときには、この二つを仕分けて実践をすることができました。

義父は、享年80歳でした。定年退職をして久しくたっています。釣りが趣味だった義父は、晩年は都内の自宅を離れて、千葉県の九十九里浜の近くに住んでいました。地域的なつながりが少なかったため、地元でお葬式を営む必要があるのか、と考えました。そして、葬儀は近親者によるものが、義父にはふさわしいと思いました。妻をはじめ近親者の賛同や同意を得ることができ、今でいう「家族葬」を営んだのです。

式場には祭壇もなく、義父は布団に眠ったままの姿（エンバーミングを行ったので、ドライアイスは入っていません）で、そのまわりを少し生花で飾り付けをしたくらいです。遺影も家にあったものをそのまま額に入れて、あとは趣味の釣り竿を飾りました。それですべてです。

近親者十数名と釣り仲間3名が会葬者でした。あらかじめ住職に相談し、通夜をかねて読経や引導行儀を依頼しました。これまでのように、通夜と翌日の葬儀・告別式など、同じことを二度するのではなく、その夜に集約して葬儀のための誦経《ずきょう》を一度きりにしたのです。

その夜は、子どもや孫たちの親族が、父の思い出や今後の供養などについて語り明かし、饗応のふるまいも十分に食し、まさに「夜とぎ」のはじまりでした。二度とない時を故人と共有しました。

翌日は、出棺の時間の直前に納棺を済ませ、あらためて焼香。その後、火葬場へと向かいました。荼毘に付した後は、初七日法要を繰り上げ、あらかじめ予約しておいたレストランで、慰労もかねて会食をしました。

はた目には、祭壇もなく質素なお葬式に見えたかもしれませんが、故人とともに過ごす時間をあわただしいものにしなかった豊かさは貴重で、身近な者にとっては感慨深いものだったと思います。

それぞれが思い出や記憶の中から故人を語ること、つまり故人という存在を言葉にしてみると、それぞれが故人の気づかなかった面も知り得ることができました。それは、心情としてより深く、その人の人生を紡ぐことになったと思います。

本来、葬送の価値は、そこに見いだせると思います。葬送においての「簡潔、簡素」はたいへんいいことなのですが、それを「簡略、粗雑」にしてはならないと思います。これを、義父の葬送から学びました。

通夜・葬儀を同時に「夜」に営み、僧侶にはそのときだけ読経をしてもらい、義父を見送った

妻の遺志をつむぐニュージーランドでの散骨

亡き妻の意思を実現するため、日本から1万キロも離れたニュージーランドの地へ。海に散骨にしたあと、その地にメモリアルとしてのお墓をつくり、これから供養をしていく……。

日本人としての基層的な呪縛と習俗感からは逃れられないものです。

ポリシーのない散骨願望に是非をうながす

2000年6月、「ニュージーランドに散骨をしたい」と、唐突に電話相談を受け、私はK氏と会うことになったのです。

散骨に関する相談では、あまりにも安易でポリシーのない願望には反対の立場を示し、是正をうながす示唆を投げかけてきました。それは、散骨したあとの供養に悩んでいる相談者が多いことに起因しています。

その多くが、いわゆる祭祀対象としてのかたちを見失ったことにあり、とりわけ無宗教式の葬儀を行った遺族の不安や悔恨を直接聞きます。

たとえば、「相模湾に散骨をしました。とてもすてきな気分で、海が好きだった故人にとっても満足だったように感じました。しかし、近々一周忌を迎えるにあたり、私たちはどうやって供養をしていったらよいのでしょうか」といった相談です。

こうした場合は、散骨した海へ行き、花を手向けることを提案します。

　すると、「親戚がお線香をあげさせてほしいというのですが……」という、やりとりを繰り返しています。

　私としては、散骨自体を反対しているわけではありません。散骨したあとの供養を満足させるためには、故人を見送るという「葬送」を責任もって対処しなければならないことを痛切に感じます。

　散骨する場合は、少しでも「分骨」があり、合葬墓などに納骨していれば、ほとんど問題はありません。しかし、散骨を希望する人の多くは、自分を無宗教だと思っているため、そのような手立てを労していないのが現状です。

　それには、伝統的なお葬式や供養を拒絶するのであれば、それだけの理念や自分なりの考え方をもって、親族や社会に対して説得力のあるものにしていかねばならないでしょう。

　K氏と会う目的は、そういったことを踏まえた葬祭カウンセリングをしていくつもりでした。

51歳で亡くなった妻の遺言

　K氏の話をまとめると次のとおりです。

　妻のJさんは、その年の1月にがんで逝去しました。1年ほど前から入退院を繰り返し、最終的な入院生活は3か月ほどでした。享年51歳、若いがゆえに病魔の進行も速く、家族にとってはあっという間のできごとでした。

　がんの告知はしませんでした。しかし、いつのまにかノートの片隅に遺書らしきことを書いていて、逝去したあとに、K氏がそのノートを見つけたのです。そこには、お葬式の希望とお墓はいらない、と書かれていました。

　K氏は、夫として最後にしてあげられることと考えて、急遽、無宗教式による音楽葬の「お別れ会」をしたそうです。

　キャリウーマンだったJさんは、常々、ニュージーランドへ旅行したときの感動を話しており、いずれは夫婦でニュージーランドへ移住しようと考えていました。だから、どうしても妻の遺骨をニュージーランドに持っていきたいというのです。

奇しくも私と同い年であるK氏。最愛の妻を突然亡くされた喪失感は察するにあまりあります。薄っぺらな同情や励ましなどは意味もなく、ひたすら話を聞くのみでした。

ひと言、「子どもたちは、なんと言っていますか?」とたずねてみました。すると、大学生と高校生の息子さんは「お母さんらしくていい」と。ただ、長男は「今年は新盆になるね」と、ポツリと言ったそうです。

多様化する葬儀と「グリーフワーク」の必要性

近ごろ、「グリーフワーク（悲嘆をいやす作業）」という言葉が、葬祭業界で盛んに使われています。それをサービスの一環として、看板にしている葬祭企業もあります。

一方、識者の中には、伝統的な葬送儀礼とその後の供養が、習俗として確立している日本では、その必要はないともいいます。

しかし、これだけ多様化している葬儀手法が、はたして伝統的な葬送儀礼を踏まえているのだろうか、という疑問もあります。

散骨にしても、万葉の時代に行われた軌跡をたどって、それが現代まで継承されているとは思いがたいのです。そうだとすれば、K氏のような思いに対するグリーフワークは、どのようにほどこしていったらよいのでしょう。

故人への思いを洗いざらいに吐露してもらい、そのうえで家族間や親族間、社会に対する気づかいのなかで、「喪主」としてなしとげようとしている責任をはたさせてあげることが、なによりではないかと感じました。

私は、K氏の妻の遺志を実現させるために、ニュージーランドでの散骨の準備にとりかかることにしたのです。

埋葬・火葬許可書と、散骨趣意書なるものを準備

では、実務的に何からはじめたかといえば、ニュージーランドの散骨における情報収集でした。散骨する場合は、法制上の規則があるかもしれません。日本から遺骨を持ちだす場合は「埋葬・火葬許可書」があれば問題はないと思いました。たとえ、これがなくとも、少量の分骨であれば差し支えはないのです。

しかし、K氏の思いは、骨壷ごと全部を海に撒きたいというので、地域周辺の住民感情を踏まえておく必要がありました。

同時に、遺骨の一部を現地のスキー場にも撒きたい、遺骨の粉砕はできるかぎりしたくない、という思いもありました。こうした要望に対処していかなければなりませんでした。

さっそく、ニュージーランド大使館に電話をすると、取り継いだ人が電話の向こうでめんくらっている様子が手に取るようにわかりました。このような問い合わせははじめてらしく、しばらく時間がかかるということでした。

結論からいうと、ニュージーランドでは散骨に関する法制はなく、大使館でもどのような対応をしてよいのかわからないため、現地の葬儀社に直接聞くのがいいという判断でした。これは散骨そのものが一般的ではなく、まして宗教性の強い国などでは「変わり者」扱いされるからです。

私は、お墓や葬儀に関する調査や研究の第一人者である知り合いに、応援を頼むことにしました。

そして、ニュージーランドでは、どこでも散骨ができるということがわかり、なかには国際宅配便で遺骨を送ってくれれば、代わりに撒いておくという葬儀社までありました。

残る不安は、遺骨の持ち込みに関して、現地の税関や空港職員にとがめられるおそれもあることです。現地の葬儀社とやりとりをかさねた結果、万が一に備えて「埋火葬許可書」と「散骨趣意書」を、いかにも公的な書類らしく作成しておいたほうがよいということになりました。

散骨趣意書なるものは、既製書式があるわけでもないので、埋火葬許可書に書かれている内容の解説と、故人の遺志として「美しい国、すばらしい人の住むニュージーランド」に、遺骨を埋めたいので、なんとか亡き妻の遺志に沿うような、特段の配慮をしてほしいと記述しました。

K氏のたっての要望で、私は「立会人」として現地に同行することになり、ニュージーランドの南島のクライストチャーチ市へ出発したのです。

遺骨は機内持ち込みの手荷物で関税をクリアする

ニュージーランドは、大きく2つの島（北島と南島）からなる国で、オーストラリアと同じように英国連邦の一員です。南島にあるクライストチャーチ市は、カンタベリー平野の東端に位置して、アルプスのような山並みと太平洋に接するペガサス湾の海を要した美しい町で、日本でいえば京都のような感覚でしょう。

8月3日、猛暑の日本を離れて、カンタス航空の深夜便で出発。シドニー経由で翌日に到着しました。時差は3時間ほどで違和感はありません。

さて、遺骨の通関検査を報告しましょう。遺骨は機内持ち込みの手荷物として抱えてきたわけですが、クライストチャーチ国際空港では問題はありませんでした。同国は、動植物や食品の持ち込みにきわめて神経質で、靴の泥にも目を見張ります。入国時の持ち込み禁止品のリストに、「動物の骨」という記載があり、不安はありました。

実は日本を出国する際、いちばん安心していた成田空港での手荷物のX検査で、抱えていた遺骨が問われ、桐箱はあけて骨壺を見せましたが、骨壺のふたをあけるのは拒否をしました。すると、遺骨であることを証明するものを問われ、「埋火葬許可書」を見せて、通関をクリアしたという経緯があったのです。

ロビーに全員無事にそろい、迎えのワゴン車に乗り、空港をあとにしてクライストチャーチ市内へ向かいました。

現地の火葬場で遺骨を細かく粉砕する

8月4日の午後4時、ホテルに現地葬儀社のデイビット氏が訪ねてきました。彼にしてみれば、ここに至るまでは不安だったと思います。はるか日本のからメールが届き、海に散骨をしたいから船を用意してほしい、さらに献杯用ワインや花束なども要請されたわけです。彼と握手を交わしたとき、彼の安堵した表情が印象的でした。

彼からは、散骨に関する法的な規制はないが、遺骨は粉砕してほしいと、事前に要請されていました。K氏は難色を示しましたが、私がデイビット氏に同行して、粉砕に立ち会うということで納得してもらったのです。私は遺骨を抱えて、デイビット氏のオフィスに案内されました。

彼は、葬儀の受注からエンバーミング、納棺までを含めた初期対応をする会社の従業員です。実際に葬儀を執り行うのは、近くにある教会、火葬場、霊園施設を兼ねた別の会社です。ただちにそちらを訪ねて、遺骨を粉砕してもらいました。

デイビット氏が今回のいきさつを話し、私がある意味では同業者である旨と伝えると、その施設を隅々まで見学させてもらえました。

遺骨を粉砕する際、私は一礼・合掌をして、こころの中で読経をしました（私の父は臨済宗の僧侶だったが、若いころ還俗している。その影響か、お経は読める）。粉砕機を起動させると、遺骨は15分ほどで粉末になりました。

ニュージーランドの美しい海に散骨する

8月5日午前9時45分、私たちを乗せる白塗りのリムジンが到着し、リトルトン港へ向かいました。桟橋には40フィートクラスのクルーザーが待機していて、全員がライフジャケットを着用して出港。15分ほど航行した海域で、波の穏やかな場所があったので、そこで散骨をすることに決めたのです。

冬枯れた草原が小高い山並みを覆いつくし、海まで迫っていました。エメラルドグリーンの海は、海域に入ったとたん風がやみ、雲の切れ間から青空と明るい日差しが差し込んで、不思議なことにその海域の部分だけ、スポットライトを当てられているようでした。

停船すると、K氏一家は舷側にのりだし、かわるがわる散骨をしました。目に染みるような明るい海の色と遺灰の白さがまぶしく、色とりどりの草花を投げ入れ、最後にブーケを浮かべました。そして、ワインを注ぎ込み、残りのワインを全員で献杯としたのです。

はるばると日本から持ってきた白瀬戸の骨壷と、故人の愛用したメガネを沈め、浮き沈みしているブーケの周辺を船はゆっくりと回遊しました。細く長く弔笛を鳴らし、その海域を三度ほど周回して、K氏が自ら決別の「弔笛」を鳴らしたのです。

K氏には、もうひとつの要望がありました。それは冒頭でも述べましたが、遺骨の一部をスキー場に撒くという思いです。そのためにフィルムケースくらいの容器に、遺灰を少し取り分けておきました。ところが、K氏は「お墓をつくってもらえないだろうか」と、ポツリとささやいたのです。

メモリアルとしてバラの花の下で眠る

実はK氏には、遺骨を粉砕した報告がてらその施設の話をして、デジカメで写した映像やそこのパンフなどを見せていました。この伏線には、散骨をしたあとの遺族の悔恨談などをもとに、なにかメモリアルを残しておくことの必要性をK氏一家にも感じていたからです。

妻の遺言である「お墓はいらない」を忠実に守ることだけが、K氏にとってはすべての思いでした。しかし、美しい海への散骨を終えて、妻の遺志をはたし、満足感を得られたに違いありません。今度はK氏自身が、亡き妻に対してこれからどのように接していきたいのか、ほんとうの自分の気持ちを満たしてもいいのではないか。

K氏のそういう揺れ動いた気持ちを察して、故人の名前と生存期間だけを記したシンプルなプレートを花壇に埋め込んでいるメモリアルがあったことを伝えたのです。

K氏は、遺灰をスキー場に撒くのを中止する事態となりました。夕方、デイビット氏にホテルに来てもらい、K氏一家を施設に案内してもらいました。これは葬儀社であるデイビット氏の仕事ではありません。彼の好意にあまえ、たいへん申し訳なく思いました。

霊園施設のプレートのお墓は、日本円にして約15000円です。バラの木を植えて手入れをしてもらい、花が咲いたときには写真を撮って送ってくれるといいます。

結局、ニュージーランドにお墓をつくることになったK氏は、これから供養をしていく対象を得た安堵と、妻の遺志を100%果たせた気持ちがあいまって、「喪主」としての二重の責任がうまく完結したわけです。

日本の習俗にあわせて、そのつどこの地を訪れられるわけではありません。しかし、2年に1回、オリンピックのように4年に1回、墓参に来てもよいのではないでしょうか。そこに、いつでも祭祀する対象が「形」として待っているのです。

故人を思い出として語るとき、私たちのこころはそのきっかけを求めます。求める対象が具体的であればあるほど、故人を見立てやすいのです。こういった感覚を忘れてはいけないと思います。

＊散骨渡航総経費約150万円（5人分）
内訳は、航空運賃、ホテル代、葬儀社への支払い、保険料、墓地費用など。

ニュージーランドのクライストチャーチ市内にある
教会、火葬場、霊園を兼ねた施設

プレートに、故人の名前と生存期間が
刻まれたシンプルな墓

お葬式を考える前に、供養環境の再確認をする

自分のお葬式を考える前に、先祖代々のお墓がどうなっているのかなど、自分自身のまわりにある「供養環境」について、あらためて確かめる必要があります。意外と知らないことも多く、これをきっかけに、再確認しておきたいものです。

自分の家に先祖代々の菩提寺があるか、ないか?

日本では、江戸時代に寺請制度が施設され、葬送や供養のすべてを菩提寺がつかさどることを慣例としてきました。これは、現代にもきわめて色濃く残っています。

あなたが世帯でのお葬式を想定するのであれば、まずは、実家に菩提寺があるかどうかを確認しましょう。あるとすれば、その寺院の境内に、お墓があるかを確認しておく必要があります。

もし田舎に菩提寺があり、その境内(敷地内、あるいは隣接地)に先祖代々のお墓があり、そこに納骨を考えているとします。

しかし、そのお寺が遠隔地なので、菩提寺を煩わせないようにという気づかいから葬儀社に相談をすると、同じ宗派の僧侶を紹介してくれました。菩提寺には何も知らせることなく、あまつさえ戒名まで、その紹介された僧侶に付けてもらった、などというケースをよく耳にします。

これには注意が必要です。後日、その遠隔地の菩

寺院の境内にある伝統的な墓地

提寺のお墓に納骨をしようとする段になり連絡をすると、そこの住職に喧々がくがくとお叱りを受けることになります。

このような場合、まずはそこに納骨をするという前提から菩提寺に連絡を入れて、菩提寺がこられないというときは、その菩提寺から別のお寺を紹介してもらうという方法があります。

葬儀社もそこまでの配慮をしなかったり、近所の僧侶に「お経」だけをあげてもらえばいいのに、戒名まで付けてもらったりするとなると、収拾がつかなくなります。

お葬式のやり直し、戒名の付け直し、というトラブルも発生してしまいます。菩提寺の距離にかかわらず、とにかく、菩提寺があって、そこのお墓に納骨するつもり、という意思のある人は、少なくとも菩提寺と無関係にお葬式は考えてはいけないということです。

そこで、今の自分自身や自分の世帯の供養的な立場や環境がどうなっているのかを再確認することになるわけです。

菩提寺があり、その境内にある墓地に納骨する場合

実務的な流れだけをいえば、菩提寺に先祖代々のお墓がある場合は、「そのお墓に納骨をする」ということになります。これを事前に確認された人は、その菩提寺の宗派で葬儀を執り行うという制約は避けられません。

「菩提寺には納骨しない」ということであれば、永代供養のようなかたちで「供養だけをお願いする」、あるいは檀家そのものをやめる「離檀」ということになります。いずれにしろ、寺檀関係をこれからも維持していきたいとすれば、当然ながら葬儀はその寺院の仏教儀礼になります。

しかし、日本の場合は信教の自由があります。習俗的、慣例的に先祖代々がお墓を受け継いできたからそうしなければならない、というのは理不尽かもしれません。おかしな話ですが、長男がクリスチャンでも、その田舎のお寺は長男の名前で維持をする、という不思議な現象も日本には存在しているのです。

現実問題として、今、菩提寺やお墓がどうなっているのかを把握することから、お葬式を考えることが肝要であるということを認識しましょう。

菩提寺はあるが、お墓は別のところにある場合

お墓が菩提寺とは関係のない共同墓地や霊園などにある場合には、選択肢があります。これは菩提寺があるという経緯やその意識の度合いで異なります。また、なんとなく檀家という場合もあります。

毎年、一定の護寺会費（年会費）などを支払い、ときどき法要の案内や寄付などの要請もあるとすれば、あなたは檀家とみなされています。特段そのことに不備を感じていなければ、その寺院を菩提寺としてお葬式を考えるか、あるいは、この際にあらためて自分たちで考えてみる余地があります。

最終的に納骨する場所が、その寺院に関係のない場所であることがはっきりしていれば、お葬式にお

地域・集落にある共同墓地

ける宗教儀礼については自由度があります。

一般的に、霊園は宗旨・宗派に関係なく納骨できるので、実務的にはその前段のお葬式がどんなふうにされたかは関係がありません。納骨はできるわけです。

このようなお墓が事前に確保されている人は、菩提寺の境内に墓地があり、そこへの納骨を前提としている人よりも、宗教的な制約が緩和されたものと思います。その後の供養についても選択肢がある、ということになります。

菩提寺はないが田舎にお墓がある場合

これは、主に地域共同体が管理しているような、いわゆる昔ながらの共同墓地であるという場合が多いようです。

1948（昭和23）年に「墓地埋葬法」という法律が施行される前は、個人や地元の人たちの考えでお墓をつくることができました。今でも郊外へ行くと車窓から田畑の片隅や村はずれに、ぽつぽつとあるいは少しまとまってそのようなお墓を眺めることができます。もちろん、今では墓地の規制が明確に法律となっていますので、そのような墓地区画を勝手に新設することはできません。

主に、村や組内などで共有している共同墓地への納骨は、事実上、どこが管理しているのか、同時に親族がいるならば、だれかが中心的にその継承をしているのかを、まずは確認しましょう。地元のお寺が管理や祭祀を請け負っている場合もあります。

その場合は、檀家というわけではありませんが、納骨時やその後の法事をそのお寺に依頼するケースもあります。そのとき、お葬式のときの宗旨・宗派と異なりこともあるかもしれません。そこにこだわりがあれば、やはり事前に確認しておくことが必要でしょう。菩提寺があって、そこにはお墓がない人と同じような立場になります。

しかし、そのお寺が明確に菩提寺でないことで、それをどうするかも含めて、今後の選択の余地が広がります。

菩提寺がなく、お墓もない場合

実をいえば、菩提寺がなく、お墓もない場合がいちばん悩まないケースです。

これまでの世代や世帯では、菩提寺やお墓のない状況は、「家」として、たいへん不安定な状況であると思われてきました。地方から大都市に出てきて、そこで世帯を構えて「新家《しんや》」、あるいは第一世代として定着するような著しい社会環境の変化がありました。

伝統的な供養意識を持った世代が年齢とともに、ある時期、お葬式やお墓に対して、非常に不安を感じたのは事実でしょう。それは、いわゆる団塊世代よりひとつ前の世代の人たちです。

そのため、特に大都市では墓地不足が懸念され、急速に墓地造成が広がりました。民間霊園や公営霊園が続々と建設され、飛ぶように売れていったのは、そうした背景があったわけです。あわせて都市部の寺院も新規に境内墓地の造成で新しい檀家を増やしていきました。

現在、地方からでてきて都市部へ定着した団塊の世代が、「見送る側」から「見送られる側」になってきています。その世代は、親のお葬式ではたいへんな労力と支出を余儀なくされました。

だからこそ、自分たちの苦労を子どもにさせたくないとの思いがあります。墓地を入手するなど、旧来の伝統や慣例にのっとって、先走って独断したことが、今では裏目にでているケースもあります。

墓地もなければ菩提寺もない、となるとこれまでは不安であり、精神的に落ち着かない立場だったのです。しかし、今となってはこの人たちが、いちばん選択肢の自由度を持った立場だといえます。

それは、お墓をどうするかを前提にお葬式もその後の供養に関しても、自分たちの希望を十分に満たして、冷静に考えることができるからです。

さて、あなたの供養環境は、この4つのケースのどこにあてはまるでしょうか？　それによって、お葬式の対応が変わってきます。また、そのあとの供養も大きく変わります。

都市部にある墓地

葬儀の施行と埋葬（お墓）との関係

Aの場合

菩提寺がある
境内に墓がある
境内の墓に納骨する

↓

菩提寺住職による
葬儀施行が大前提

Bの場合

菩提寺がある
境内の墓に納骨しない

↓

檀家をやめるならば菩提寺以外
または無宗教での葬儀施行は可能

Cの場合

菩提寺がない
田舎の墓に納骨する

↓

お墓を管理している
寺院等による葬儀施行、
または葬儀の宗教儀礼は自由
＊田舎のお墓：共同墓地などで管理がお寺の場合

Dの場合

菩提寺もなく
お墓もない

↓

葬儀施行は遺体対応以外、
すべて自由

永代供養に関するQ&A

「お葬式に関するセミナー」の中で、一般参加者からの多い質問に答えながら、エンディングノートを記入するにあたり、お葬式への理解を深めましょう。

Q1

お墓を持っていないのですが、どうしたらいいでしょう？

A：あわてることはありません。お墓は、単にお骨の置き場ではありません。お墓を入手しても、その後の供養をどうするか、を十分に考えることが先です。つまり、誰に供養を託していくのか、ということです。

Q2

子どもたちに供養の負担をかけたくないのですが……。

A：お墓の分類はこれまで、市営などの公営墓地と民間霊園、そして寺院の境内墓地というような経営母体を中心になされていました。

これをもとにする場合、そこで問題になるのが、入手の条件や管理料などです。しかし、誰が供養するのか？　という答えになってはいませんね。

通常、供養は「家」を中心に営んできましたが、いまでは「家族（ファミリー）」や「夫婦」という単位で考えなければなりません。

子どもたち、つまり次世代に負担をかけたくないとするならば、日本では伝統的に僧侶にゆだねるということをしてきました。

Q3

ほかの町に先祖のお墓がありますが、いまの世帯では菩提寺を持っていません。どうしたらよいでしょう?

A：新しい菩提寺を探す場合には、いろいろと事前に注意しなければならない問題があります。

宗派の問題、檀家としての役割、そしてなにより心配なのが、寄付・寄進の割り当て負担などです。

子どもに負担をかけたくないという人の多くが、それを問題にしています。そのへんをうやむやにすることなく、ざっくばらんに聞いてみるとよいでしょう。

Q4

永代供養というのは、いつまで供養するということですか?

A：日本人の供養観念は、いっけん仏教的な作法に準じているようにみえますが、そこには魂を「育てあげていく」というような基層の感性があります。

つまり、生まれた子どもを養育していくように、死の直後には不安定な故人の魂（荒魂《あらみたま》）を立派な大人（和魂《にぎみたま》）にしていくまでの33年間を供養の一定期間としてきました（弔い上げ）。そこから先を「ご先祖さま」として、私たちの守護をなすものとして祀り上げていきます。

「永代」というのは、永久という意味ではありません。この期間（33年）を踏まえて供養を続けていくことを「永代供養」といっています。

Q5

両親のお墓は遠隔地で兄弟が守っています。なかなかお墓参りにも行けません。私はどのように供養したらいいのでしょうか？

A：供養はお墓参りだけではありません。仏壇や位牌という屋内での祭祀もあります。

兄弟が遠くでしっかりとお墓を守って供養してくれるというのは、ありがたいことです。その兄弟のお墓の維持管理を少額ながらも、金銭的に支援することでも、供養の気持ちははたせます。

その場合、思いつきでは駄目《だめ》です。「墓前に」あるいは「お花代の足しに」ということで、少額でもかまいません、毎年、無理のない一定金額を継続して支援することが、なにより大切です。

Q6

菩提寺を選ぶ場合の注意はありますか？

A：菩提寺は、お寺という施設のハードと、住職という人間のソフトであることを考えてみましょう。その両面からみなくてはなりません。家族で運営をしているお寺であれば、なおさらその家族も気になるところです。

長期的な付き合いをするわけですから、急ぐことはありません。いきなり菩提寺という位置づけよりも、しばらくはなんとなく出入りしてみるのもいいかもしれません。

多くの人は住職の人柄を気にしますが、もしも住職が高齢者なら、その次世代の跡継ぎも知っておく必要があります。

問題は、檀家になるというのは、その菩提寺の維持管理や住職の生活までも担うということが義務です。慎重にならざるをえませんね。

どうすれば納得のいくお葬式ができるか

お葬式についての〝こころづもり〟を事前にしておこうと決心ができたら、次はとにかく動いてみることです。行動を伴わない決心では前に進みません。今、葬儀の現場で行われている手法を知ることが必要です。

死のあり方を理念に持つ葬儀社を選びたい

まずは、葬儀社や斎場施設などに関する情報収集をすることからはじめましょう。パンフレットを集めて目を通し、見慣れておくことをおすすめします。また、ホームページを検索して、立地、サービス、設備、料金、使用規定などを調べていきます。葬儀社に依頼すると、どのような式ができるのか、イメージを膨らませていくのです。

近ごろは、見学会を開催する葬儀社が増えていますので、積極的に参加するのもよいでしょう。実際に見学することで、自分が納得できるお葬式にそぐう面、そぐわない面に気がついてゆくと思います。納得ができた場合は、具体的に相談をして見積もりを取りましょう。

全国にある葬儀社の約95%は、従業員10人以下の小規模な会社です。葬儀社を選ぶ際には、事前相談の内容や世帯情報などの個人情報の管理や、守秘の徹底がなされているか、が判断のポイントとなるでしょう。また、葬儀社を選ぶ際の目安のひとつに、個人情報などの取り扱いにおいて、そのコンプライアンスを標榜《ひょうぼう》するなどの配慮がなければ相談もできません。

たとえば、日本葬祭情報管理協議会の「ＰＩＰ認証」の取得などの表示も葬儀社選びの目安となります。

自分が納得できるお葬式を行うために、葬儀社や見積もり内容などを事前に準備しておくことは、リスクマネジメント（危機管理）の一環といえます。

欧米では、ホームドクター（医師）やホームロイヤー（弁護士）、ホームフューネラルカンパニー（葬儀社）を持つことが、社会生活上の常識とされています。事前に、気軽に相談できる〝かかりつけの葬儀社〟を探しておきたいものです。

お葬式は、今では地域の相互扶助もなく、またその干渉も避けたいという人も増えています。手法や進行をどうするかは核家族化したファミリーにゆだねられるとともに、葬儀は葬儀社が執り行うものとなった今、葬儀を通じて次世代に「死のあり方」を教育できる理念を持った葬儀社を選んでほしいと思います。

僧侶の考え方や人柄をみきわめる

葬儀を仏式で営む場合には、僧侶（住職）の存在がカギとなります。僧侶に亡き人の魂の「導師」となってもらい、その導きをゆだねるわけですから、信頼のできる僧侶に依頼しなければなりません。

先祖代々、付き合いのある菩提寺に何の不満もないのであれば、当然、その菩提寺の僧侶に依頼することになります。ただし、これからは単なる慣例や惰性的な流れで要請しないように注意が必要です。葬儀や供養についての自分の考え方を伝え、僧侶にも理解してもらい、互いに納得し合えることが大切なのです。

菩提寺がなく、葬儀を仏式で行い、その後の供養も仏式の作法に準じて行いたい場合は、安心して末永くまかせられる僧侶を新たに見つけなければなりません。その際は、僧侶が現在の仏教のあり方などに問題意識を持っているかどうかが、みきわめるひとつのカギになると思います。

問題意識を持っている僧侶の中には、自ら情報発信をしている人もいます。ホームページなどで自分の考えや行動を発信したり、檀家の人に対しても教義に基づいた説法にとどまらず、「生き甲斐を求めて」といった人生にかかわる心構えなどを説きはじめたりしています。

お寺をみきわめるには、一度、僧侶の説法などを聞く機会に参加してみることです。僧侶の人柄や活動を確かめることができます。

また、お盆やお彼岸など、お墓参りの機会に住職にお会いすることをおすすめします。檀家のみなさんに対応しているときの僧侶やその奥さんの様子を観察してみてください。檀家の意見や考えに、同じ目線で耳を傾けてくれる僧侶であるかどうかも大事なポイントです。最近は檀家と交流を持たない僧侶も多く、たとえ交流があっても一段高い立場から接してくるような僧侶もいます。

どのようなかたちで僧侶に巡り会えるのかは、いろいろ動いてみないとわからないことです。親戚や友人が檀家になっているからといって、自分にも合うだろうとは一概にいえません。自分の目で見て、遺される家族が長く付き合えるかを考えてください。まずは近所にある身近なところから訪ねてみるのがよいでしょう。

お葬式の考え方をリセットする

今、世の中は、社会的にも精神的にも多様性が極まり、混沌としているように思えます。その中で生きる私たちひとり一人の考え方も多様化しています。いい意味でも悪い意味でも、ひとつの価値観を共有するということが少なくなりました。

ただ、どんなに状況が変化しようとも、国によっては宗教という揺るぎない基盤があるわけです。日本においては神仏習合で、その基層にあったのは先祖供養の習俗であり、宗教と呼べるものではありませんでした。どんな宗教が外国から入ってきても、私たち日本人の根本となる価値観は崩しようがなかったといえるのです。

ところが、現在、私たちがもっとも大切にしていた先祖供養の慣習までもが見失われようとしています。これは、かつてない状況です。同時に、これまでの先祖供養の形式を踏襲するだけでは、納得も満足もできないという人が増えています。

お葬式をめぐる不安や悩みは、その意味を見失ったことで増加しているのです。これは、何度も述べていることですから、おわかりでしょう。

私は、少しでも多くの人たちが納得・満足できるお葬式を行うための提案をしてきたのが、「一度、お葬式についての考え方をリセットして、自分なりの価値を見いだす方法を自分の手でつくっていく」というものです。しかし、自分が納得・満足のいくものを見つけるのは、なかなか困難を伴う作業です。

「礼節」を重んじた習俗文化を次世代につなげる

その糸口となるのは、「習俗」にほかならないと思っています。日本人の情緒や情感に根づいている習俗に基づいた葬送儀礼の価値を再確認し、その心情をおもんばかれば、今、見失われようとしている伝統的な供養感覚こそ、心の自然環境ではなかったかと思います。

かつては、臨終に僧侶が看取り、立ち会うこともありました。葬儀は「通過儀礼」といえども、人生の大きな節目として遺された者にとっては、ほんとうに深淵な影響を与えます。その死を受容していく風土に根差した独特の慣例もあります。

私たちは、その意味や意義を知ることで、目には見えない神仏や故人の霊魂の存在を受けとめてきたのです。

その土地に根を張って生きた昔の人びとは、それらの作法を「礼節」ととらえていました。そして、これを守ることを「礼儀」として重んじて生活をしていました。だからこそ、習俗文化としての葬儀や埋葬も地域によって、さまざまなスタイルができあがったのです。

日常生活における「儀礼」（節目）の感覚を取り戻すことは、私たちの普段気にとめない潜在的な心の事前環境を豊かなものにする大きな糧《かて》になると私は信じています。

大人にとっても子どもにとっても、「死」やそれにまつわる「行い事」を包み隠すのではなく、死への忌避観も文化として俯瞰する余裕から、よりよい「葬送」の事前対応を考えていきたいと思います。お葬式や供養の場面をそのために利用してほしいと思います。

喪主になってお葬式を営むことや、檀家になるというのがどういうことなのかを学び、それを次世代に受け継いでもらうためには、どうすればよいかを考え、その機会を子どもたちに与えることは、親世代にとっての役目でもあるのです。「葬送儀礼」の価値観を見いだして、自分らしいお葬式を手づくりしてみてください。

【参考文献】

『葬と供養』五来重著　東方出版　１９９２年
『仏教と民族』『続仏教と民俗』五来重著　角川選書　１９７６・１９７９年
『宗教民族学』宮家準著　東京大学出版会　１９８９年
『仏教儀礼辞典』藤井正雄編　東京堂出版　１９７７年
『仏教民俗学』山折哲雄著　講談社学術文庫　１９９３年
『葬式と檀家』圭室文雄著　吉川弘文館　１９９９年
『宗教クライシス』上田紀行著　岩波書店　１９９５年
『あの世と日本人』梅原猛著　ＮＨＫ出版　１９９６年
『死と人生の民俗学』新谷尚紀著　曜曜社出版　１９９５
『日本の葬式』井之口章次著　ちくま学芸文庫　２００２年
『変わるお葬式、消えるお墓』小谷みどり著　岩波書店　２０００年
『死の民俗学』山折哲雄著　岩波現代文庫　２００２年
『自分らしい逝き方』二村祐輔著　新潮社　２００６年

以上（順不同）

あとがき

「終活」という言葉が気になります。この言葉をはじめて聞いたとき、死活問題の「死活」のこと、つまり生きるか死ぬかというような切実なイメージを重ねましたが、大きな間違いでした。

「死」を気軽なノリで目標や達成点に位置づけ、いわば「就活」（就職活動）や「婚活」（結婚活動）と同じように、お葬式を目的に意図されたものです。その範疇には、介護や医療、その後の供養などは入ることがなく、きわめて狭義な言葉づかいだと思います。

私たち日本人は、言葉づかいの特性として、短縮、略語、言い回し、暗喩、置き換えなど、言語という文化の中でいろいろ行ってきました。その中には、感性をより端正に表現するものもありますが、言葉の粗雑さに気づかないまま安易に広まってしまうあさはかさも持ち合わせています。この終活にも、感性のない、軽薄さを感じます。

終活の「終」は、「おしまい」ということです。しかし、その前には現実としての「生活」があり、実はそのあとも遺された人びとの故人に対する精神的な意味での

「つながり」があります。これがいわゆる「供養」という言葉にあてはまります。「エンディングノート」の目的は、決して終活のための対応ではないのです。

本書のタイトルで、60歳という年齢にこだわったのは、伝統的な通過儀礼のひとつの「還暦」という、人生の大きな節目であると同時に、そのときどきに「覚悟」と「決断」をしなければならない時期であると思ったからです。

「人生50年」といわれた時代とは違い、あきらかに現在社会ではこの年齢は「老境」などといってはいられない「現役」です。だからこそ、はたすべき責任が重くのしかかってくる年齢でもあります。それは、健在する両親を見送る立場であり、自分自身の環境・健康の節目でもあり、また、孫の成長をどこまで見届けられるか、という未来への期待を持っている多角的な世代責任を共有している年齢です。

おりしも、私自身もこの年齢に達します。そして、本書の企画・編集者の関根有子さんもその年齢に近づいているひとりです。だからこそ、執筆に関して真剣に話し合い、試行錯誤のなかで、本書の執筆を進めました。

刊行にあたって、東京堂出版の林謙介さん、章友社の永原秀信さん、多くの方々にお世話になったことを感謝して、あとがきとさせていただきます。

二村祐輔

二村祐輔
ふたむら　ゆうすけ　1953年生まれ。

日本葬祭アカデミー教務研究室（「葬祭カウンセラー認定」機関）主宰。

葬祭業務の実務に約18年間携わる。独立後、日本初の葬祭専門コンサルティングとして、関連企業の研修や企画営業の拡充策、葬祭ホール、納骨堂などの新設・開設にも関与。一方、行政主催の「お葬式セミナー」を全国で行い好評を博す。テレビや雑誌などで、生死を踏まえた葬祭コメンテーターとしても活躍する。

主な著書に『大往生の値段』（近代文芸社）、『自分らしい逝き方』（新潮社）、『親の葬儀と手続き・相続・法要のすべてがわかる本』（共著、ナツメ社）などがある。

日本葬祭アカデミー 教務研究室　http://www.jfaa.org

60歳からのエンディングノート入門
── わたしの葬儀・法要・相続 ──

2012年10月30日初版発行
2013年 4月10日再版発行

著　者　二村祐輔
発行者　小林悠一
印刷製本　有限会社 章友社
発行所　株式会社　東京堂出版
〒101－0051　東京都千代田区神田神保町 1－17
電話 03－3233－3741　振替 00130－7－270
http://www.tokyodoshuppan.com

ISBN978-4-490-20806-1 C0036